◆ 职业教育物流专业"十四五"规划教材
"互联网+"活页式教材

运输作业实务

TRANSPORTATION OPERATION PRACTICE

主　编◎唐　港　李　岩
副主编◎范锡宏　连卓敏　马曙静

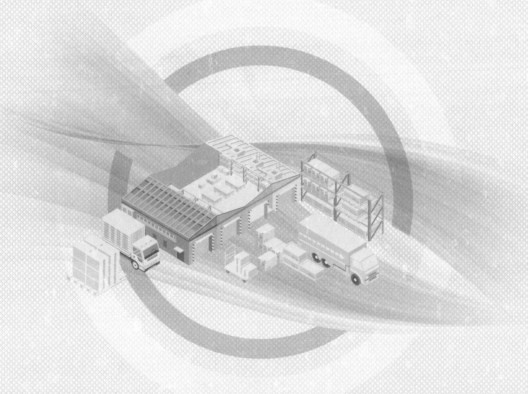

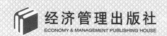

经济管理出版社
ECONOMY & MANAGEMENT PUBLISHING HOUSE

前　言

　　"运输作业实务"是物流管理专业学生学习物流运输基本知识与基本技能的必修课程。本书立足于基层运输业务操作，详细介绍了运输业务的操作流程和规范要求等。考虑到新疆供销技师学院所属的新疆区域内物流运输方式主要为公路运输，因此书中介绍运输业务操作流程的内容均侧重于公路货物运输。

　　本书适用于中职中专院校物流管理和交通运输专业的师生，也适用于从事物流工作的人员和非物流专业的师生了解运输作业流程、专业知识和产业发展状况。通过本书的学习，学生可以掌握专业知识并尽快适应基层物流运输管理工作岗位，掌握运输作业的基本业务流程和管理技能，为学习其他专业课程打下基础。

　　本书以提高学生的实践能力、创新能力、就业能力和创业能力为目标，融教、学、训、练、评为一体，依据学生认知能力的变化和知识学习的递进规律，注重从企业实践中提炼典型工作任务，体现了"项目导向""任务驱动"的教学思路，重点培养学生对实际业务问题的分析能力。本书按照运输作业实务的知识点和运输业务工作流程精心设计了高仿真的任务内容，任务中涵盖任务目标、任务发布、知识准备、任务实施、任务评价完整的教学过程。另外，为增强学生的理解及提升学生学习的兴趣，本书还以二维码的形式对内容进行了拓展和丰富，学生可以根据学习需要扫描书中二维码，观看微课、动画、视频、案例等配套的数字化资源。

　　本书以运输业务流程为主线，将教学内容分为认识运输、走进公路运输、整车运输业务操作、零担运输业务操作、特种货物业务操作、货物运输成本控制、运输服务绩效评价以及公路运输经营模式创新八个学习项目，每个项目根据物流企业的实际工作过程和核心技能要求，分解为若干具体的工作任务。

　　本书由新疆供销技师学院（新疆供销学校）唐港、李岩任主编，范锡宏、连卓

Part **One**

项目一 **认识运输**

任务一　认识物流运输

任务目标

通过本任务的学习，可以达成以下目标：

(1) 理解运输的概念、特点和功能
(2) 了解我国运输发展现状，增强民族自豪感
(3) 掌握运输的种类
(4) 理解运输与其他物流环节的关系

任务发布

运输与人们的生产生活息息相关，我们日常的出行、所需的各种商品，都离不开运输。运输把社会生产、分配、交换和消费等各个环节有机地联系起来，运输既是重要的基础产业，又为商品流通和人员流动提供基本条件。

运输是什么？同学们也许并不陌生，一般都知道是将一定量的货物，从一地运到另一地，花费一定金额的运费。诚然，这是运输的一部分，也仅仅是一部分而已。作为物流专业的学生，仅知道这点是远远不够的，当我们完成本任务的学习和实训，就会真正走进运输领域。下面让我们一起来学习运输的基本知识吧。

知识准备

一、运输的概念、特点和功能

1. 运输的概念

《中华人民共和国国家标准：物流术语（GB/T 18354—2006）》对物流运输的定义如下："用设备和工具，将物品从一地点向另一地点运送的物流活动，其中包括集货、分配、搬运、中转、装入、卸下、分散等一系列操作。"

运输是指通过一系列的操作来完成货物的空间位置有目的的位移，一般来说，是完成大范围、长距离的货物位移。运输是一个独立的物质生产部门。

请扫描右侧二维码，了解我国物流运输的发展现状。

物流业上演"中国速度"

2. 运输的特点

（1）运输不生产有形产品。运输的产品是"空间位移"，不改变货物的形态和理化属性，不创造新的实物产品，运输新创造的价值追加到所运货物的原有价值中，货物在到达地的价值往往大于在起运地的价值——运输的"场所效应"。

（2）运输产品的生产过程与消费过程同时进行。运输产品不具有实物形态，既不能调拨，又不能储存。

（3）运输是具有一定垄断性的资本密集型产业。铁路、航空、远洋运输等设备投资巨大，均具有一定的垄断性。

（4）运输对自然条件依赖大。运输作业大多在露天进行，点多线长，狂风、暴雨、浓雾、山洪、泥石流等灾害对运输造成的影响很大。

（5）运输具有系统性。单一的运输方式很难独自完成整个运输过程。

3. 运输的功能

（1）货物的空间效用。完成货物由卖方向买方的空间转移。

（2）货物的短期存储效用。物品在中转运输过程中，需要较短时间的停顿，考虑到物品装卸的成本及仓储的成本，不如将物品暂存在运输工具中，实现对货物的存储作用。

图 1-1-1　实现货物的空间转移　　　　图 1-1-2　运输过程中实现存储作用

二、运输的种类

货物运输可按运输工具、运输线路、运输协作程度等进行分类。

1. 按运输工具分类

按照运输工具分类，运输分为铁路运输、公路运输、水路运输、航空运输和管道运输五种。

（1）铁路运输。铁路运输具有运输能力大、通用性能好、运营适应性强、能耗相对较少、环境污染程度低、安全程度高等特点。铁路运输是我国陆上货物运输最重要的方式，承担了我国大部分资源性物资的运输任务，如煤炭、矿石、粮食、木材等。

（2）公路运输。公路运输具有机动灵活、可以实现"门到门"运输、公路建设投资少等优点，但公路运输能力相对较小，运输成本相对较高。公路运输在中短途运输中具有优势。

图1-1-3 铁路运输

图1-1-4 公路运输

（3）水路运输。水路运输具有运输能力大、运输成本低的优点，但水路运输易受自然条件影响，运输速度较慢。水路运输包括内河运输、沿海运输和海洋运输。

（4）航空运输。航空运输具有运送速度快、连续性好的特点，但航空运输能耗大、技术复杂、载运量小、运费高，适合体积小、价值高的物品的运输。

（5）管道运输。管道运输主要以石油、天然气为运送对象。管道运输具有运量大、

图1-1-5 水路运输

货物损耗小、运输效率高、易管理等优点，但也有单向运输、管道铺设好后机动性差、一次性固定投资大等缺点。因此，管道运输只能承担单向转移、定点发送与接收的液体和气体货物。

图1-1-6 航空运输

图1-1-7 管道运输

2. 按运输线路的性质分类

按运输线路的性质划分,物流运输系统可分为干线运输、支线运输。

(1) 干线运输。所谓干线运输,是指利用铁路与公路的骨干线路、大型船舶的固定航线以及枢纽机场的定期航线进行的长距离、大批量的运输。干线运输是运输的主体,是使货物进行远距离空间位移的重要运输方式,其运输速度较同种工具的其他运输要快,成本也相对低一些。

(2) 支线运输。所谓支线运输,是指与干线相接的分支线路上的运输。支线运输是干线运输与收、发货地点之间的补充性运输方式,一般路程较短,运输量相对较小。因为支线的建设水平往往低于干线,运输工具也往往落后于干线,所以运输速度慢于干线。

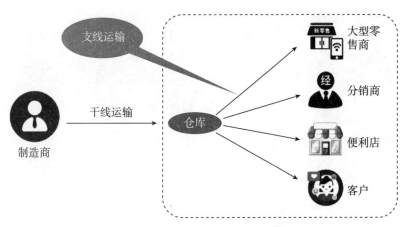
图1-1-8 干线运输与支线运输

3. 按运输作用分类

按运输作用划分,物流运输系统可分为集货运输和配送运输等形式。

(1) 集货运输。集货运输是指将分散的货物集聚起来以便进行集中运输的一种运输方式。因为货物集中后才能利用干线进行大批量、长距离的运输,所以集货运输是干线大规模运输的一种补充性运输,多是短距离、小批量的运输。

（2）配送运输。配送运输是指将节点中已按用户要求配装好的货物分送到各个用户指定处的运输方式。这种运输一般发生在干线运输之后，是干线运输的补充和完善，而且由于发生在末端，因此多是短距离、小批量的运输。

4. 按运输的协作程度分类

（1）一般运输。一般运输是指孤立地采用不同运输工具或同类运输工具而没有形成有机的协作关系的运输方式，如单纯的汽车运输、火车运输等。

（2）联合运输。联合运输是指使用同一运输凭证，由不同的运输方式或不同的运输企业进行有机的衔接来接运货物，利用每种运输手段的优势，发挥不同运输工具的效率的一种运输方式。联合运输的方式有铁海联运、公铁联运、公海联运等。

（3）多式联运。多式联运是指根据实际要求，将不同的运输方式组合成综合性的一体化运输，通过一次托运、一次计费、一张单证、一次保险，由各运输区段的承运人共同完成货物的全过程运输，即将全过程运输作为一个完整的单一运输过程来安排的一种运输方式。多式联运是联合运输的一种现代形式，通常在国内大范围物流和国际物流的领域中广泛使用。

图 1-1-9　联合运输

5. 按运输中途是否换载分类

按运输中途是否换载分类，物流运输系统可分为直达运输和中转运输等形式。

（1）直达运输。直达运输是指利用一种运输工具从起运站、港一直到终点站、港，中途不换载、不入库存储的运输方式。直达运输不仅可避免中途换载带来的运输速度减缓、货损增多、费用增高等一系列弊端，而且能缩短运输时间、加快车船周转、降低运输费用。

（2）中转运输。中转运输是指在货物运往目的地的过程中，在途中的车站、港口、仓库进行转运换装的一种运输方式。中转运输可以有效地衔接干线运输和支线运输，可以化整为零或集零为整，从而方便用户，提高运输效率。

6. 按运输领域分类

按运输领域划分，物流运输系统可分为生产领域的运输和流通领域的运输。

（1）生产领域的运输。生产领域的运输一般是在生产企业内部进行的，因而称为厂内运输。它作为生产过程的一个组成部分，是直接为物质产品的生产服务的，包括原材料、在制品、半成品和成品的运输，这种厂内运输又被称为物料搬运。

（2）流通领域的运输。流通领域的运输作为流通领域里的一个环节，是生产过程在流通领域的继续。其主要是对物质产品的运输，是完成物品从生产领域向消费领域在空间位置上的物理性转移的过程。它既包括物品从生产所在地直接向消费（用户）所在地的移动，又包括物品从配送中心向中间商的移动。

三、运输与其他物流环节的关系

运输的作用是巨大的，它在物流各个环节中处于首要的地位。一般来说，物流过程包括运输、包装、装卸搬运、仓储流通加工、配送等活动。只有明确地理解和掌握运输与其他相关物流活动之间的关系，合理地把任务分配到各个环节中去，通过各种物流活动的相互支持才能充分发挥运输在其中的作用。

图 1 – 1 – 10　不同的包装

1. 运输与包装的关系

货物包装的材料、规格、方法等都不同程度地影响着运输。包装材料的使用要以强化输送、保护产品为目的；作为包装的外廓尺寸应该充分与运输车辆的内里尺寸相吻合，这对于提高货物的装载率有着重要意义，将给物流效率的提高带来巨大影响。运输包装的重要特点是，在满足物流要求的基础上使包装费用越低越好。为此，必须在包装费用最低和物流运输时损失最小两者之间寻找最优值。

2. 运输与装卸搬运的关系

物流运输活动必然伴随有装卸活动。一般来说，运输发生一次，往往伴随有两次装卸活动，即运输前、后的装卸作业。货物在运输前的装车、装船等活动是完成运输的先决条件，此时，装卸质量的好坏将对运输产生巨大的影响。装卸工作组织得力，装卸活动开展顺利，都可以使运输工作顺利进行。

图 1 - 1 - 11　运输中的包装加固　　　图 1 - 1 - 12　伴随运输工具转换的装卸搬运

请扫描右侧二维码，查看案例，加深理解。

装卸与运输

3. 运输与仓储的关系

物流运输与储存具有"背反效应"。货物的储存量虽直接决定需要量（使用量），但货物的运输对储存也会带来重大影响。当仓库中储存一定数量的货物而消费领域又对其急需时，运输就成了关键。如果运输活动组织不科学或运输工具不得力，就会延长货物在仓库中的储存时间，这不仅会无端增大货物储存量，还会造成货物损耗增大。运输能力强、规划合理可以减少库存，相反将有可能使库存费用增加。

请扫描右侧二维码，查看案例，加深理解。

零库存

4. 运输与配送的关系

在物流活动中，运输是将货物大批量、长距离地从生产工厂直接送达客户或配送中心；从配送中心将货物就近发送到地区内各客户手中称为配送。虽然两者都是运送货物，但是有一定区别，具体如表 1 - 1 - 1 所示。

表 1 - 1 - 1　运输与配送的区别

内容	运输	配送
商物分离	运输是商物分离的产物	配送是商物合一的产物
管理重点	效率、效益优先	服务优先
运输性质	干线运输	支线运输、末段运输

内容	运输	配送
货物类型	少品种、大批量	多品种、小批量
运输工具	大型货车、其他运输工具等	小型货车
附属功能	装卸、捆包	装卸、保管、包装、分拣、流通加工、订单处理等

5. 运输与物流信息的关系

运输信息系统是物流信息系统的一个主要组成部分。物流系统是一个复杂的系统，要实现物流合理化的目标，现代物流运输企业的发展离不开信息技术和信息系统的支持。要迅速提高国内运输物流企业的物流能力，企业的物流信息系统建设是国内货运物流企业发展的突破口。

请扫描右侧二维码，查看案例，加深理解。

运输物流信息管理支持系统

任务实施

步骤一 了解运输的概念、特点和功能

引导问题1：基于网络查询，结合所学习的知识，请总结运输的特点，并举例说明运输的功能。

步骤二 掌握运输的种类

引导问题2：2021年10月，广州某商贸有限公司有一批货物需要从广州仓库运往国内外多个城市，具体情况如表1-1-2所示。

表 1 - 1 - 2　运输货物信息

运输货物	包装形式	运输数量	规格	目的地	运输时限
石油	—	1000 吨	标准托盘	上海	—
洗涤液	纸箱	5000 箱	每箱重 15 千克 每箱 40cm × 30cm × 30cm	沈阳	3 天
服装	集装箱	5 个 40 尺集装箱 2 个 20 尺集装箱	标准集装箱	迪拜	15 天
日用品	纸箱	20 吨	每箱重 15 千克 每箱 40cm × 30cm × 30cm	南京	3 天
煤炭	集装箱	8000 吨	标准集装箱	黑龙江	10 天
烟花爆竹	纸箱	120 箱	每箱重 15 千克 每箱 80cm × 55cm × 40cm	重庆	5 天

针对该企业货物运输所要求的目的地、要求到货时间、货物属性等,查询运输的线路、时间、运输方式及运载能力,请尝试选择一种最适合的运输方式。

运输货物	所选运输方式
石油	
洗涤液	
服装	
日用品	
煤炭	
烟花爆竹	

引导问题 3:运输按照不同的分类方式,可以有多种类型,请说一说运输的类型有哪些?

分类方式	运输类型	分类方式	运输类型
按运输工具划分		按运输线路的性质划分	
		按运输协作程度划分	
按运输作用划分		按运输中途是否换载划分	
按运输领域划分			

步骤三　理解运输与其他物流环节的关系

引导问题4：为了加深对运输概念的了解和理解，请通过网络查询以及调研等方式，总结一下运输的重要性，并总结运输与包装、装卸搬运、仓储、配送及物流信息的关系。

请扫描右侧二维码，查看任务实施参考答案。

任务实施参考答案

任务评价

班级			姓名			小组	
任务名称		认识物流运输					

考核内容		评价标准	参考分值（100）	学生自评	小组互评	教师评价	考核得分
职业素养情况	1	具有良好的沟通能力	5				
	2	具有信息收集能力	5				
	3	在任务实施过程中具有较强的总结能力	10				
知识掌握情况	4	了解运输的概念	5				
	5	了解运输的特点	5				
	6	理解运输的功能	5				
	7	掌握运输的种类	10				
	8	理解运输与其他物流环节的关系	5				
能力提升情况	9	能够准确总结运输的功能与特点	5				
	10	能够准确理解运输的分类	15				
	11	能够准确总结运输与其他物流环节的关系	10				
参与活动情况	12	积极参与任务实施	5				
	13	积极参与小组讨论	5				
	14	积极回答老师的提问	10				
小计							
合计 = 自评 × 20% + 互评 × 20% + 教师评 × 60%							

任务二　认识公路运输

任务目标

通过本任务的学习，可以达成以下目标：

(1) 了解我国公路运输的发展，树立正确的社会主义核心价值观
(2) 理解公路运输的特点
(3) 掌握公路运输的方式

任务发布

2022 年 1 月 6 日，新疆翔宇物流有限公司（主营公路货物运输）乌鲁木齐站某客服人员收到一批待发运的货物，具体信息内容为：

> 托运人：新疆盛世食品有限公司
>
> 托运货物：
>
>   货物名称：果蔬饮品　数量：150 件　总重量：2500kg　总体积：4m³
>
>   货物名称：风味牛奶　数量：200 件　总重量：3500kg　总体积：5m³
>
>   货物名称：彩虹软糖　数量：100 件　总重量：1900kg　总体积：2m³
>
>   货物名称：枪支弹药　数量：500 袋　总重量：3000kg　总体积：4m³
>
> 收货人：沈阳丰盛食品销售公司

针对以上货物信息，该客服人员需要思考以下问题：以上货物是否可以使用公路运输？如能承运，应该按何种公路运输方式承运？

知识准备

公路运输是指主要使用汽车或其他运输工具（如拖拉机、人力车等）在道路上载运货物的一种运输方式。公路运输是构成陆上运输的两个基本运输方式之一，主要承担近距离、小批量的货运，也承担铁路运输难以到达地区的长途、大批量货运及铁路、水运的优势难以发挥的短途运输。它在整个运输领域中占有重要的地位，并发挥着越来越重要的作用。

请扫描右侧二维码，了解我国公路运输的发展。

中国公路运输的发展

一、公路运输的特点

1. 机动灵活，适应性强

由于公路运输网一般比铁路、水路网的密度要大十几倍，分布面也广，因此公路运输车辆可以"无处不到、无时不有"。公路运输在时间方面的机动性也比较大，车辆可随时调度、装运，各环节之间的衔接时间较短。

2. 可实现"门到门"直达运输

由于汽车体积较小，中途一般也不需要换装，除了可沿分布较广的路网运行外，还可离开路网深入到工厂企业、农村田间、城市居民住宅等地，即可以把旅客和货物从始发地门口直接运送到目的地门口，实现"门到门"直达运输。这是其他运输方式无法与公路运输比拟的特点之一。

3. 在中途、短途运输中，运送速度较快

在中途、短途运输中，由于公路运输可以实现"门到门"直达运输，中途不需要倒运、转乘就可以直接将客货运达目的地，因此，与其他运输方式相比，其客、货在途时间较短，运送速度较快。

4. 原始投资少，资金周转快

公路运输与铁路、水路、航空运输方式相比，所需固定设施简单，车辆购置费用一般也比较低，因此，投资兴办容易，投资回收期短。

5. 掌握车辆驾驶技术较易

相比火车司机或飞机驾驶员的培训要求，汽车驾驶技术比较容易掌握，对驾驶员的各方面素质要求相对也比较低。

6. 运量较小，运输成本较高

目前，世界上最大的汽车是美国通用汽车公司生产的矿用自卸车，长20多米，自重610吨，载重350吨左右，但仍比火车、轮船少得多；由于汽车载重量小，行驶阻力比铁路大9~14倍，所消耗的燃料又是价格较高的液体汽油或柴油，因此，汽车运输的成本仅次于航空运输。

7. 运行持续性较差

有关统计资料表明，在各种现代运输方式中，公路的平均运距是最短的，运行持续性较差。

8. 安全性较低，污染环境程度相对较大

据历史记载，汽车自诞生以来，已经吞噬掉3000多万人的生命，特别是20世纪

90 年代开始，死于汽车交通事故的人数急剧增加，平均每年达 50 多万。这个数字超过了艾滋病、战争和结核病人每年的死亡人数。汽车所排出的尾气和引起的噪声也严重地威胁着人类的健康，是大城市环境污染的最大污染源之一。

二、公路运输的方式

公路运输方式有很多种，具体分类如下：

1. 按货运营运方式分类

公路货物可分为整车运输、零担运输、集装箱运输、联合运输和包车运输。

图 1-2-1 整车运输

图 1-2-2 零担运输（配货站）

图 1-2-3 集装箱运输

图 1-2-4 联合运输

（1）整车运输。整车运输是指一批托运的货物在 3 吨及以上或虽不足 3 吨，但其性质、体积、形状需要一辆 3 吨及以上汽车运输的货物运输，如需要大型汽车或挂车（核定载货吨位 4 吨及以上的）以及容罐车、冷藏车、保温车等车辆运输的货物运输。

（2）零担运输。零担运输是指托运人托运的一批货物不足整车的货物运输。

图 1-2-5 包车运输

（3）集装箱运输。集装箱运输是将适箱货物集中装入标准化集装箱，采用现代化手段进行的货物运输。在我国又把集装箱运输分为国内集装箱运输及国际集装箱运输。

（4）联合运输。联合运输是指一批托运的货物需要两种或两种以上运输工具的运输。目前我国联合运输有公铁（路）联运、公水（路）联运、公公联运、公铁水联运等。联合运输实行一次托运、一次收费、一票到底、全程负责。

（5）包车运输。包车运输是指根据托运人的要求，经双方协议，把车辆包给托运人安排使用，按时间或里程计算运费的运输。

2. 按照托运的货物是否保险或保价分类

按托运的货物是否保险或保价，道路货物运输可分为不保险运输、不保价运输、保险运输和保价运输。保险和保价的办理均实行托运人自愿的原则。凡保险或保价的，需按规定缴纳保险金或保价费。保险运输须由托运人向保险公司投保或委托承运人代办。保价运输时，托运人必须在货物运单的价格栏内向承运人声明货物的价格。

3. 按货物种类分类

按货物运输条件分类，道路货物运输可分为普通货物运输和特种货物运输。

图 1-2-6 普通货物运输　　　　　　　图 1-2-7 特种货物运输

普通货物运输是指按一般条件进行的货物运输。普通货物分为一等、二等、三等三个等级。

特种货物运输是指在运输过程中对货物须采取特殊防护措施，才能确保运输安全的货物运输。特种货物包括超限货物、危险货物、贵重货物和鲜活货物。

请扫描右侧二维码，观看视频，认识公路大件货物运输。

公路大件货物运输

4. 按运送速度分类

按运送速度分为一般货物运输、快件货物运输和特快专运。一般货物运输即普通速度运输，或称慢运；快件货物运输的速度从货物受理当日 15 点起算，运距在 300 千米内 24 小时运达，运距在 1000 千米内 48 小时运达，运距在 2000 千米内 72 小时运达；特快专运是指在托运人要求的约定时间内运达。

图 1 - 2 - 8　一般货物运输

图 1 - 2 - 9　快件货物运输

图 1 - 2 - 10　特快专运

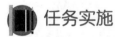 任务实施

步骤一　公路运输方式

引导问题 1：基于网络查询，结合所学习的知识，回答"任务发布"中的问题：以下货物是否可以使用公路运输？如能承运，应该按何种公路运输方式承运？

具体货物信息：

货物名称：果蔬饮品　数量：150 件　总重量：2500kg　总体积：4m³

货物名称：风味牛奶　数量：200 件　总重量：3500kg　总体积：5m³

货物名称：彩虹软糖　数量：100 件　总重量：1900kg　总体积：2m³

货物名称：枪支弹药　数量：500 袋　总重量：3000kg　总体积：4m³

货物名称	是否可以使用公路运输	适合的公路运输方式
果蔬饮品		
风味牛奶		
彩虹软糖		
枪支弹药		

步骤二　识别公路运输方式

引导问题 2：结合不同的分类标准，请说一说公路运输方式具体有哪些？

分类标准	公路运输方式	分类标准	公路运输方式
按货运营运方式分类		按托运的货物是否保险或保价分类	
		按运送速度分类	
按货物种类分类			

 扫一扫

请扫描右侧二维码，查看任务实施参考答案。

任务实施参考答案

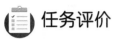 **任务评价**

班级			姓名			小组		
任务名称		认识公路运输						
考核内容		评价标准	参考分值（100）	学生自评	小组互评	教师评价	考核得分	
职业素养情况	1	具有良好的沟通能力	5					
	2	具有信息收集能力	5					
	3	在任务实施过程中具有较强的总结能力	10					
知识掌握情况	4	了解公路运输的概念	5					
	5	理解公路运输的特点	10					
	6	掌握公路运输的方式	15					
能力提升情况	7	能够准确总结公路运输的特点	5					
	8	能够识别公路运输的方式	15					
	9	能够理解不同公路运输方式的概念	10					
参与活动情况	10	积极参与任务实施	5					
	11	积极参与小组讨论	5					
	12	积极回答老师的提问	10					
小计								
合计 = 自评×20% + 互评×20% + 教师评×60%								

任务三　认识水路运输

任务目标

通过本任务的学习，可以达成以下目标：

（1）了解水路运输的概念和特点
（2）理解水路运输的方式
（3）掌握水路运输的工具

任务发布

请问下图所示的运输方式属于哪种运输方式？你对这种运输方式了解吗？

知识准备

水路运输是指使用船舶及其他航运工具，在江河、湖泊、海洋上载运货物的一种运输方式。水路运输主要承担长距离、大批量的长途运输；在内河及沿海，水运也常作为小型运输方式承担补充及衔接大批量干线运输的任务。水路运输也是干线运输中起主力作用的运输方式之一。

一、水路运输方式

水路运输的基本方式有两种：一是江河运输，二是海上运输。

图 1-3-1 江河运输

图 1-3-2 海上运输

1. 江河运输

江河运输是一种古老的运输方式，是水路运输的重要组成部分。例如，中国分布有长江、珠江、黄河、淮河、辽河、松花江及海河七大主要水系，还有可贯通海河、淮河、长江、钱塘江等水系的南北向大运河。澜沧江—湄公河水系开通后成为我国西南边境贸易的主要运输干线。

请扫描右侧二维码，了解中国主要水系分布。

中国主要水系分布

2. 海上运输

海上运输简称海运，包括沿海运输、近海运输和远洋运输。

（1）沿海运输。沿海运输是使用船舶通过大陆附近沿海航道运送客货的一种方式，一般使用中、小型船舶。

（2）近海运输。近海运输是使用船舶通过大陆邻近国家海上航道运送客货的一种运输形式，视航程可使用中型船舶，也可使用小型船舶。

（3）远洋运输。远洋运输是使用船舶跨大洋的长途运输形式，主要依靠运量大的大型船舶。

图 1-3-3 沿海运输

现代水路运输的突出优点是通货能力大、运费低、节省燃料。此外，修筑 1 千米铁路或公路约占地 3 公顷，而水路运输利用海洋或天然河道，占地很少。在我国的货运总量中，水运所占的比重仅次于铁路和公路。

图1-3-4 近海运输

图1-3-5 远洋运输

二、水路运输工具

水路运输的主要运载工具是船舶。现代船舶的种类很多，按载运的货物种类和装卸方式不同可分为以下几类：

1. 干货船

干货船又称普通货船，是以运载干燥货物为主，也可装运桶装液货的货船，它是最常见的货船，专门用来装运成包、成扎、成箱的干货，因此被称为干货船。干货船又分杂货船和散货船两类。

（1）杂货船。杂货船以装载各种件杂货为主，也称普通货船。这种船航行速度较快，船上配有足够的起吊设备，船舶构造中有多层甲板把船舱分隔成多层货柜，以适应装载不同货物。新型杂货船多设计成对货种适应性强的多用途船。

（2）散货船。散货船专用于载运各种散装货物，专门运粮、矿、煤等，由于散货不怕压，为装卸方便，其货舱均为单甲板。

2. 液货船

液货船是装载各种液态货物的船，主要有油船、液体化学品船、液化气船。此外，还有能兼装液货和干货的兼用船。

图1-3-6 散货船

图1-3-7 液货船

3. 集装箱船

集装箱船是以标准集装箱为货运单元的货船。这种船航速高，航行于固定航线，利用港口专用设备进行快速装卸。

4. 滚装船

滚装船又称"开上开下"船。船上设有活动跳板，载货拖车能直接开上开下。滚装船装卸快，适合装运集装箱和大件货。

图 1 – 3 – 8 集装箱船

5. 载驳船

载驳船又称子母船，是以载货驳船作为货运单元的货船。这种船载运的货物在港口中转可以不用码头，不用倒载，实现江海直达运输。

6. 冷藏船

冷藏船是专门装运易腐鲜货的船。

7. 驳船以及拖船、推船

驳船以及与之配套使用的拖船、推船分别组成拖带船队或顶推船队，多用于江河。

图 1 – 3 – 9 滚装船

图 1 – 3 – 10 装载驳船的子母船

 ## 任务实施

请以小组为单位进行活动讨论：

（1）以小组为单位讨论水路运输的定义和特点，并派代表进行总结叙述。

（2）请根据老师讲授的内容以及上网查阅的资料，识别以下图中所示的水路运输工具是何种设备。

序号	水路运输工具图片	运输工具名称
1		
2		
3		

（3）利用互联网资讯，收集关于水路运输的相关图片与视频，并与同学进行分享。

 请扫描右侧二维码，查看任务实施参考答案。

任务实施参考答案

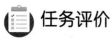 **任务评价**

班级			姓名			小组		
任务名称		认识水路运输						

考核内容		评价标准	参考分值（100）	学生自评	小组互评	教师评价	考核得分
职业素养情况	1	具有良好的沟通能力	5				
	2	具有信息收集能力	5				
	3	在任务实施过程中具有较强的总结能力	10				
知识掌握情况	4	了解水路运输的概念	5				
	5	理解水路运输的方式	10				
	6	掌握水路运输的工具	15				
能力提升情况	7	能够总结水路运输的方式	15				
	8	能够认识不同水路运输工具	15				
参与活动情况	9	积极参与任务实施	5				
	10	积极参与小组讨论	5				
	11	积极回答老师的提问	10				
小计							
合计 = 自评×20% + 互评×20% + 教师评×60%							

任务四 认识航空运输

任务目标

通过本任务的学习，可以达成以下目标：

（1）了解航空运输的基本概念
（2）理解航空运输的特点
（3）掌握航空运输的组织方式

任务发布

航空运输是使用飞机、直升机及其他航空器运送货物的一种运输方式。航空运输
的单位成本很高，因此，其主要适合运载两
类物资：一类是价值高、运费承担能力强的
物资，如贵重设备、高档产品等；另一类是
紧急需要的物资，如救灾抢险物资等。航空
货运不仅提供专门用于货物运输的飞机，以
及定期和不定期的航空货运航班，而且利用
定期和不定期客运航班进行货物运输。本任
务中我们一起学习航空运输的主要内容。

图1-4-1 航空运输

知识准备

一、航空运输的特点

与其他运输方式相比，航空运输具有以下优点：①速度快。这是航空运输的最大
特点和优势，距离越长，航空运输所能节省的时间越多，速度快的特点也越显著。
②机动性大。飞机可以将地面上任何距离的两个地方联结起来，可以定期或不定期飞
行，受地形条件限制小。③经济效益好，服务质量高，安全可靠，节约包装、保险、
利息等费用。

航空运输的主要缺点是飞机机舱容积和载重量都比较小，运载成本和运价比地面
运输高；气象条件对飞行的限制影响了飞行的正常核准性，飞机飞行安全容易受恶劣

气候影响，恶劣天气可能造成飞机延误和偏航；对大件货物或大批量货物的运输有一定的限制；有些货物禁用空运；航空运输速度快的优点在短途运输中难以充分发挥。因此，航空运输比较适宜时间性强的鲜活易腐和高价值物资的中长途运输。

总之，航空运输对时效性强或紧急需要的物质以及单位价值高、运费承担能力强的货物运输发挥着重要作用。

二、航空运输的组织方式

航空运输的组织方式有集中托运、航空快件运输、航空邮件运输和联合运输。

1. 集中托运

航空货运代理公司（也称集中托运商）将若干批单独发运到同一方向的货物，组成一整批，填写一份主运单，发到同一目的站，由航空货运代理公司委托目的站当地的代理人（也称分拨代理商）负责收货、报关并交付给每个实际收货人。

集中托运在国际航空运输界开展得比较普遍，是航空货运代理公司的主要业务之一。各方的关系所承担的责任如图1-4-3所示。

图1-4-2 集中托运

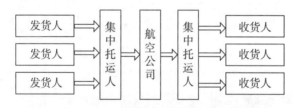

图1-4-3 航空运输各方的关系所承担的责任

2. 航空快件运输

航空快件运输又叫国际快递服务，是由专门经营快递业务的代理公司组织货源和联络用户，并办理空运手续，或委托到达地的速递公司，或在到达地设立速递公司，或派专人随机送货，以最快的速度送达收货人的一种快速运货方式。

航空快运业务有三种形式：

（1）"门到门"服务。快件到达中转站或目的地机场后，由中转站或目的地快件公司负责办理清关和提货，并将快件及时送交收货人手中，之后将快件派送信息及时反馈到发件地的快递公司。

（2）门到机场服务。快件到达目的地机场后，当地快递公司及时将到货信息通知收件人，收件人可自己办理有关手续，或委托快递公司办理有关手续。

（3）专人派送。这种方式是指发件地快递公司指派专人携带快件在最短的时间内，采用最便捷的交通方式，将快件送到收件人手里。

图1-4-4　"门到门"服务

图1-4-5　门到机场服务

图1-4-6　专人派送

3. 航空邮件运输

航空邮件运输是邮政部门与航空公司以运输合同（或协议）的方式合作组织的信件、包裹等小件物品的航空运输，在全部航空货运中占有10%左右的比例。

4. 联合运输

（1）陆空联运。陆空联运是指陆路运输（铁路与长途汽车运输）与航空运输的联运，从组织形式上来讲，航空运输的两端或一端是陆路运输。

图1-4-7　航空邮件运输

（2）海空联运。机场位于海岸，设有机场码头，并开通海上航线，可直接组织海空联运，以集散航空运输的货物。作为现代物流的一个组成环节，以航空运输为龙头、多式联运为补充的航空港物流园区一旦投入使用，便可融合仓储、运输的优势，不仅可以使用电子数据传送信息，提供预先报关服务，而且可以及时准确地将货物运送到目的地，从而实现货物运输的利润最大化。

📂 任务实施

2022年1月6日，新疆翔宇物流有限公司乌鲁木齐站客服人员收到一批待发运的货物，具体信息内容为：

货物名称：黄金

货物重量：500kg

运输目的地：上海

运输到达截止期限：2022年1月7日20：00之前

请问：（1）新疆翔宇物流有限公司应该选择什么运输方式运输这批货物？

（2）这种运输方式的特点有哪些？

请扫描右侧二维码，查看任务实施参考答案。

任务实施参考答案

任务评价

班级			姓名		小组	
任务名称		认识航空运输				
考核内容		评价标准	参考分值（100）	学生自评	小组互评	教师评价	考核得分

考核内容		评价标准	参考分值（100）	学生自评	小组互评	教师评价	考核得分
职业素养情况	1	具有良好的沟通能力	5				
	2	具有信息收集能力	5				
	3	在任务实施过程中具有较强的总结能力	10				
知识掌握情况	4	了解航空运输的概念	5				
	5	理解航空运输的特点	10				
	6	掌握航空运输组织的方式	15				
能力提升情况	7	能够准确总结航空运输的特点	15				
	8	能够理解不同航空运输组织方式的概念	15				
参与活动情况	9	积极参与任务实施	5				
	10	积极参与小组讨论	5				
	11	积极回答老师的提问	10				
小计							
合计 = 自评×20% + 互评×20% + 教师评×60%							

任务五　认识铁路运输

◎ 任务目标

通过本任务的学习，可以达成以下目标：

(1) 了解铁路运输的基本概念
(2) 理解铁路运输的特点
(3) 掌握铁路运输的方式

◉ 任务发布

黎明刚刚入职一家运输型物流企业，该企业主要进行铁路货物承运业务，黎明要较好地把握铁路货物运输，应从哪几个要素入手？

◉ 知识准备

铁路运输是指在铁路上把车辆组成列车载运货物的另一种陆上运输方式，它是现代最重要的货物运输方式之一。铁路运输主要承担长距离、大批量的长途货运。在我国，每年有50%左右的货物运输由铁路运输完成。铁路运输是干线中起主力作用的重要运输方式。

铁路货物一般分为普通货物和特殊货物，其中特殊货物又包括超长、集重和超限的货物，以及危险货物和鲜活货物。

图 1-5-1　铁路运输

一、铁路运输的特点

铁路运输一般不易受气候条件的影响，可保障全年的正常运行，具有高度的连续性。铁路运输还具有载运量较大、污染少、运行速度较快、运费较低廉、运输准确、遭受风险较小的优点，是公路、水运、航空、管道运输所无法比拟的。

铁路运输也存在缺陷，如运输受轨道的限制，不能跨洋过海；铁路建设投资大，使得其应用在一定程度上受到限制，灵活性较差；费工、费时，增加了货物的在途时间；由于装卸次数多，铁路运输中的货损率比较高；铁路设施修建成本较高，建设周期较长。

铁路运输在长距离、大批量的客货运输中发挥着重要作用。

二、铁路运输方式

铁路运输方式有以下几种分类：

第一，按运输速度可分为：①按普通货物列车办理的货物运输；②按快运货物列车办理的货物运输；③按客运速度办理的货物运输。

第二，按我国铁路技术装备条件可分为：①整车，适于运输大宗货物；②零担，适于运输小批量的零星货物；③集装箱，适于运输精密、贵重、易损的货物。

铁路运输以批为单位，一批是铁路承运货物、计收运费、交付货物和处理事故的单位。在实际铁路货运过程中，常常碰到一些不能作为一批进行铁路运输的货物，需要引起注意。

不能作为一批进行铁路运输的货物如表 1-5-1 所示。

表 1-5-1 不能作为一批进行铁路运输的货物

序号	货物
1	易腐货物和非易腐货物
2	危险货物与非危险货物（另有规定者除外）
3	根据货物的性质不能混装运输的货物
4	投保运输险的货物与未投保运输险的货物
5	按保价运输的货物与不按保价运输的货物
6	运输条件不同的货物

▌ 任务实施

引导问题1：基于网络查询，结合所学习的知识，请总结铁路运输的特点。

引导问题2：结合不同的分类方式，请说一说铁路运输方式具体有哪些？

分类方式	铁路运输方式	分类方式	铁路运输方式
按运输速度分类		按我国铁路技术装备条件分类	

请扫描右侧二维码，查看任务实施参考答案。

任务实施参考答案

 ## 任务评价

班级		姓名		小组	

任务名称		认识铁路运输					
考核内容		评价标准	参考分值（100）	学生自评	小组互评	教师评价	考核得分
职业素养情况	1	具有良好的沟通能力	5				
	2	具有信息收集能力	5				
	3	在任务实施过程中具有较强的总结能力	10				
知识掌握情况	4	了解铁路运输的概念	5				
	5	理解铁路运输的特点	10				
	6	掌握铁路运输的方式	15				
能力提升情况	7	能够准确总结铁路运输的特点	5				
	8	能够识别铁路运输的方式	15				
	9	能够理解不同铁路运输方式的概念	10				
参与活动情况	10	积极参与任务实施	5				
	11	积极参与小组讨论	5				
	12	积极回答老师的提问	10				
小计							
合计 = 自评×20% + 互评×20% + 教师评×60%							

Part **Two**

项目二 **走进公路运输**

任务一　体验公路运输设施设备

◎ 任务目标

通过本任务的学习，可以达成以下目标：

(1) 掌握公路运输设施设备涵盖的内容
(2) 了解公路的基本构成
(3) 认识公路运输场站
(4) 识别公路运输车辆类别

🔲 任务发布

在货物运输过程中，如果想要完成货物运输作业过程，就必然离不开运输的设施设备，对于公路运输而言，也是如此，公路运输过程中不可缺少公路运输的设施设备。

以上图片显示的都是常见的公路运输设施设备，那么公路运输的设施设备都有哪些内容呢？带着这个问题，我们一起进入本任务的学习。

知识准备

公路运输的设施设备主要是指公路、公路运输场站和公路运输车辆。

一、公路

1. 公路的基本构成

公路的主要组成部分有路基、路面、桥梁、涵洞、隧道、公路渡口、绿化、通信、照明等设备及其他沿线设施。

早期的公路没有限制，大多是简易公路，后来不同公路有不同限制；由于交通日益发达，限制性使用的公路越来越多，特别是一些公路专供汽车使用了（有的城市公路禁止单车甚至禁止摩托车使用），如高速公路专供汽车全程封闭式使用。

（1）路基。路基是公路的基本结构，是支撑路面结构的基础，与路面共同承受行车荷载，同时承受自然气候的侵蚀和影响。路基结构形式可以分为填方路基、挖方路基和半填半挖路基三种。

（2）路面。路面是铺筑在公路路基上与车轮直接接触的结构层，承受和传递车轮荷载，承受磨耗，经受自然气候的侵蚀和影响。对路面的基本要求是具有足够的强度、稳定性、平整度、抗滑性能等。路面结构一般由面层、基层、底基层与垫层组成。

图 2-1-1 公路路基

图 2-1-2 公路路面

（3）桥涵。桥涵是指公路跨越水域、沟谷和其他障碍物时修建的构造物。《公路工程技术标准》规定，单孔跨径小于 5 米或多孔跨径之和小于 8 米的称为涵洞，大于这一规定值则称为桥梁。

（4）隧道。公路隧道通常是指建造在山岭、江河、海峡和城市地面下，供车辆通过的工程构造物。隧道按所处位置可分为山岭隧道、水底隧道和城市隧道。

图 2-1-3 公路隧道

（5）公路渡口。公路渡口是指以渡运方式供通行车辆跨越水域的基础设施。码头是公路渡口的组成部分，可分为永久性码头和临时性码头。

（6）交通工程及沿线设施。交通工程及沿线设施是保证公路功能、保障安全行驶的配套设施，是现代公路的重要标志。公路交通工程主要包括交通安全设施、监控系统、收费系统、通信系统四大类，沿线设施主要指与这些系统配套的服务设施、房屋建筑等。

请扫描右侧二维码，阅读案例——公路附属设施岂能说破坏就破坏！了解路政管理常见的禁止行为。

公路附属设施岂能说破坏就破坏！

2. 公路等级划分

根据公路的使用任务、功能和流量进行划分，可分为高速公路、一级公路、二级公路、三级公路、四级公路五个等级。

请扫描右侧二维码，观看视频"公路等级划分"。

公路等级划分

二、公路运输场站

公路运输场站是公路货物的集散点，也是公路货运网络的节点，是实现货物"门到门"运输以及直接为车主和货主提供多种服务的场所。在公路货运市场中，货运站主要发挥集散货物、停放车辆、运行指挥和综合服务等重要作用。

当前，我国汽车运输企业的货运站主要分为整车货运站、零担货运站和集装箱货运站三类。

1. 整车货运站

整车货运站是以货运商务作业机构为代表的汽车货运站。这种机构在我国各地的名称不一，如营业所、运输站、运管办等。它是调查并组织货源、办理货运商务作业的场所。商务作业包括托运、承运、受理业务、结算运费等工作。有的整车货运站也兼营零担货运。

2. 零担货运站

零担货运站是专门经营零担货物运输的汽车站。凡托运人一次性托运货物的计费重量为 3 吨及以下，或不满一整车装运的零散货物，则称为零担货物。根据规定，按件托运的零担货物：单件体积一般不得小于 0.01 立方米（单件重量超过 10 千克的除外），不得大于 1.5 立方米；单件重量不得超过 200 千克；货物长度、宽度、高度分别不得超过 3.5 米、1.5 米和 1.3 米。

3. 集装箱货运站

集装箱货运站主要承担集装箱中转运输任务，又称集装箱公路中转站。

请扫描右侧二维码，了解公路运输场站的特点。

公路运输场站的特点

三、公路运输车辆

公路运输的主要运载工具是汽车，它是具有独立的原动力，能自行驱动，不依赖轨道运行的陆上运输工具。汽车一般由车身、动力装置和底盘三部分组成。我国于 2001 年制定了有关汽车分类的标准（GB/3730.1—2001），将汽车分为乘用车和商用车两大类。

乘用车（不超过 9 座）分为普通乘用车、活顶乘用车、高级乘用车、小型乘用车、敞篷车、仓背乘用车、旅行车、多用途乘用车、短头乘用车、越野乘用车、专用乘用车 11 类。

商用车分为客车、货车和半挂牵引车三类。其中，客车细分为小型客车、城市客车、长途客车、旅游客车、铰接客车、无轨客车、越野客车、专用客车等。

在物流运输领域，使用的主要是各类型货车和半挂牵引车，主要种类如下：

1. 普通货车

汽车按载重能力可划分为微型、轻型、中型和重型载货汽车；按有无车厢板分为平板车、标准档板车和高档板车。

（1）微型。总质量小于等于 1.8 吨，车长小于等于 3.5 米，一般为低货台，人力装卸比较方便，主要用于市内运输、配送和宅配运输。

（2）轻型。总质量大于 1.8 吨、小于等于 6 吨，车长小于 6 米，多为低货台，人力装卸比较方便，主要用于市内运输、集货、配送和宅配运输。

（3）中型。总质量大于 6 吨、小于等于 14 吨，车长小于 6 米，主要用于市内运输，主要用于城市与城市、城市与乡村之间的运输。

（4）重型。总质量大于等于 14 吨，车长 6 米以上，主要用于长途干线的运输。

2. 厢式货车

厢式货车具有载货车厢，还具有防雨、隔绝等功能，安全性能好，能防止货物散失、被盗等；但由于自重较重，所以无效运输比例较高。厢式货车主要种类有：

（1）按货厢高度分为高货厢、低货厢两种。高货厢底座为平板，虽不大适合人力装卸，但车上堆垛没有障碍；低货厢的货台在车轮位置有凸起，影响装车。

（2）按开门方式分为后开门式、侧开门式、两侧开门式、侧后开门式、顶开式和翼式。后开门式适合后部装卸，方便手推车等进入装卸，货车与站台接近，占用站台位置短，有利于多辆车装卸；侧开门式适用于边部叉车装卸，货车侧部与站台接近，占用站台长度较长；顶开式适用于吊车装卸；翼式适用于两侧同时装卸。

图2-1-4 后开门式厢式货车

图2-1-5 侧开门式厢式货车

图2-1-6 液压开启式翼开厢式货车

图2-1-7 仓栅货厢车

（3）按其功能可分为普通厢式运输车和特殊用途的厢式车，前者如硬体厢式货车、软篷厢式运输车、翼开式厢式运输车等；后者如冷藏车、保温车、防爆车、邮政车、医疗救助车、运钞车等厢式专用车等。

3. 专用车辆

专用车辆适用于装运某种特定的用普通货车或厢式货车装运效率较低的货物。这种车的通用性较差，往往只能单程装运，运输成本高。主要包括汽车搬运车、水泥车、油罐车、洒水车、混凝土搅拌车和挂肉车等。

图2-1-8 汽车搬运车

图2-1-9 水泥车

图 2 - 1 - 10　油罐车

图 2 - 1 - 11　洒水车

图 2 - 1 - 12　混凝土搅拌车

图 2 - 1 - 13　挂肉车

4. 自卸车

这种车辆力求使运输与装卸有机结合，在没有良好的装卸设备的条件下，依靠车辆本身的附属设备进行装卸作业。例如，翻卸车、随吊车、尾部带升降板的尾板车等。

图 2 - 1 - 14　翻卸车

图 2 - 1 - 15　随吊车

5. 牵引车和挂车

牵引车又称拖车，是专门用于拖挂和牵引挂车的。牵引车分为全挂式和半牵挂式两种。挂车本身没有发动机驱动，而是通过杆式或架式拖挂装置，由牵引车或其他的汽车牵引；挂车只有与牵引车或其他汽车一起组成汽车、列车，才能构成一个完整的运输工具。

挂车有全挂车、半挂车、轴式挂车和重载挂车等。半挂车与半挂式牵引车一起使用，其部分重量是由牵引车的底盘承受；全挂车是由全挂式牵引车或一般汽车牵引；轴式挂车是一种单轴车辆，专用于运送长大件货物；重载挂车是一种大载重量的挂车，可以是全挂车，也可以是半挂车，专用于运输笨重的特大货物，其载重量可达 300 吨。由于挂车结构简单，保养方便，并且自重小，在运输过程中使用挂车可以提高运输效率。

图 2-1-16　尾板车

图 2-1-17　拖车

图 2-1-18　挂车（半挂车）

 扫一扫 >>

（1）请扫描右侧二维码，了解新疆君港吉运物流有限公司。

（2）请扫描右侧二维码，观看动画，了解挂车如何进行运输作业。

新疆君港吉运物流
有限公司

解密甩挂运输

任务实施

步骤一　认识公路

引导问题1：根据公路的使用任务、功能和流量进行划分，可分为高速公路、一级公路、二级公路、三级公路、四级公路五个等级。请总结五个等级公路所对应的设计使用年限及交通量。

公路等级	设计使用年限	年平均昼夜交通量
高速公路		
一级公路		
二级公路		
三级公路		
四级公路		

步骤二　认识公路运输场站

引导问题2：基于网络查询，结合所学习的知识，请总结公路运输场站的类型及其主要特点。

步骤三　识别公路运输车辆

引导问题3：请根据以下公路运输车辆的图片，判别公路运输车辆所属的种类。

序号	车辆图片	所属车辆类别
1		

序号	车辆图片	所属车辆类别
2		
3		
4		
5		

请扫描右侧二维码，查看任务实施参考答案。

任务实施参考答案

 任务评价

班级			姓名			小组	
任务名称		体验公路运输设施设备					

考核内容		评价标准	参考分值（100）	学生自评	小组互评	教师评价	考核得分
职业素养情况	1	具有良好的沟通能力	5				
	2	具有信息收集能力	5				
	3	在任务实施过程中具有较强的总结能力	10				
知识掌握情况	4	了解公路的基本构成	5				
	5	了解公路的等级划分	5				
	6	理解公路运输场站的划分	10				
	7	掌握公路运输车辆的类别	10				
能力提升情况	8	能够准确总结公路的基本构成和等级划分	5				
	9	能够认识公路运输场站	10				
	10	能够识别公路运输车辆	15				
参与活动情况	11	积极参与任务实施	5				
	12	积极参与小组讨论	5				
	13	积极回答老师的提问	10				
小计							
合计＝自评×20%＋互评×20%＋教师评×60%							

任务二　领略公路运输路线

任务目标

通过本任务的学习，可以达成以下目标：

(1) 了解我国国道的线路分布
(2) 了解我国高速公路的线路分布

任务发布

截至 2019 年，中国公路总里程已达 484.65 万千米、高速公路达 14.26 万千米，居世界第一。中华人民共和国成立之初，全国能通车的公路仅 8.08 万千米，而到 2018 年末，全国公路总里程已达到 484.65 万千米。70 年来，中国公路交通总体上经历了从"瓶颈制约"到"初步缓解"，再到"基本适应"经济社会发展需求的发展历程，一个走向现代化的综合交通运输体系正呈现在世界面前……

本部分我们将一起了解我国公路运输路线。

图 2-2-1　中国公路

知识准备

一、国道

国道是指具有全国性政治、经济意义的主要干线公路，包括重要的国际公路，国防公路，连接首都与各省（市、区）省会或首府的公路，连接各大经济中心、港站枢纽、商品生产基地和战略要地的公路。国道中跨省的高速公路由交通运输部批准的专门机构负责修建、养护和管理。

1. 首都放射线

首都放射线是以北京为中心，做扇面辐射的公路，共 12 条，约 1.4 万千米，编号 101～112。首都放射线 12 条，北京—沈阳、北京—抚远、北京—滨海新区、北京—平潭、北京—澳门、北京—广州、北京—香港、北京—昆明、北京—拉萨、北京—青铜峡、北京—漠河、北京环线。

2. 北南纵线

北南纵线是北南走向的公路，共28条，约3.9万千米，编号201～228（无226）。

3. 东西横线

东西横线是东西走向的公路，共30条，约5.3万千米，编号301～330（除313）。

请扫描右侧二维码，学习中国国道线路。

中国国道线路

二、高速公路

1. 编号规则

根据路网地位，中国高速公路分为国家高速公路和省级高速公路。国家高速公路简称国家高速，标志以红底白字为上横幅；省级高速公路简称省高速（标识牌上以省级行政区简称表示），标志以黄底黑字为上横幅。

图2-2-2　国家高速示例

图2-2-3　省级高速示例

根据线位走向，高速公路分为纵线、横线、放射线、环线、联络线和并行线，用不同数字编号加以区分。

（1）路线名称使用路线起、终点县级以上行政区地名。中国国家高速公路路线名称由路线起、终点地名加连接符"—"组成，路线简称由起、终点地名的首位汉字组合表示，也可采用起讫点城市或所在省（自治区、直辖市）简称表示，如G2，北京—上海，简称京沪高速。

（2）中国国家高速公路的阿拉伯数字编号采用一位、两位和四位数，与三位数的一般国道相区别。中国国家高速公路编号由字母标识符和阿拉伯数字组成。首都放射线采用1位数，编号"G#"，如北京—哈尔滨（G1，京哈高速）；纵横线采用两位数，编号"G##"，如沈阳—海口（G15，沈海高速）；城市绕城环线采用两位或四位数，

13

编号"G##"或"G####"，如北京六环路（G4501）。

（3）中国首都放射线编号为一位数，由正北方向按顺时针方向升序编排，编号区间1~9，如北京—乌鲁木齐（G7，京新高速）。纵向路线编号为两位奇数，由东向西升序编排，编号区间11~89。横向路线编号为两位偶数，由北向南升序编排，编号区间10~90。

图 2-2-4 山东省省会济南—聊城高速

（4）地方（省级行政区）高速公路网的命名和编号方式原则上与国家高速公路网的保持一致，其编号字母标识符采用汉语拼音"S"表示，省会放射线采用编号一位数，如图2-2-4所示。

2．总体线路。

（1）国家高速。国家高速路线包括国家干线、地区环线、城市环线。

请扫描右侧二维码，查看学习国家高速线路。

国家高速线路

（2）省级高速。中国各区域省级高速路线如表2-2-1所示。

表 2-2-1 各区域省级高速路线

华北地区	北京高速公路、天津高速公路、河北高速公路、山西高速公路、内蒙古高速公路	东北地区	辽宁高速公路、吉林高速公路、黑龙江高速公路
华东地区	上海高速公路、江苏高速公路、浙江高速公路、安徽高速公路、江西高速公路、福建高速公路、山东高速公路、台湾高速公路	华中地区	河南高速公路、湖北高速公路、湖南高速公路
华南地区	广东高速公路、广西高速公路、海南高速公路、香港高速公路、澳门高速公路	西南地区	重庆高速公路、四川高速公路、云南高速公路、西藏高速公路、贵州高速公路
西北地区	陕西高速公路、甘肃高速公路、青海高速公路、宁夏高速公路、新疆高速公路		

请扫描右侧二维码，阅读《新疆又一高速公路主线贯通，我国与中亚更加便捷的运输大动脉》。

新疆又一高速公路主线贯通，我国与中亚更加便捷的运输大动脉

任务实施

步骤一 公路运输路线

引导问题1：基于网络查询，结合所学习的知识，请总结全国公路运输路线布局。

步骤二 新疆主要运输路线

引导问题2：基于网络查询，结合所学习的知识，请简述新疆公路主要运输路线布局。

请扫描右侧二维码，查看任务实施参考答案。

任务实施参考答案

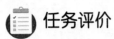 **任务评价**

班级			姓名			小组			
任务名称		领略公路运输路线							
考核内容		评价标准	参考分值（100）	学生自评	小组互评	教师评价	考核得分		
职业素养情况	1	具有良好的沟通能力	5						
	2	具有信息收集能力	5						
	3	在任务实施过程中具有较强的总结能力	10						
知识掌握情况	4	了解我国的国道路线	15						
	5	了解中国高速公路路线的情况	15						
能力提升情况	6	能够理解国道路线的分布	15						
	7	能够理解高速公路路线的分布	15						
参与活动情况	8	积极参与任务实施	5						
	9	积极参与小组讨论	5						
	10	积极回答老师的提问	10						
小计									
合计 = 自评×20% + 互评×20% + 教师评×60%									

Part Three

项目三 **整车运输业务操作**

任务一 托运受理

任务目标

通过本任务的学习，可以达成以下目标：

(1) 能够掌握整车运输业务受理的途径

(2) 能够对整车运输订单进行有效性审核，判断托运货物是否可以受理

(3) 能够完成整车运输业务订单的录入并生成作业计划

任务发布

华盛食品有限公司是生产饮料和膨化食品的企业，主要由北京必达物流公司负责其从北京工厂（北京市大兴区亦庄）到全国各地的分工厂或销售中心仓库的产品运输，主要线路有北京到长春、哈尔滨、太原、郑州、重庆、上海、杭州、广州、深圳等。运输商品主要有饮料、膨化食品以及纸箱。

于某是北京必达物流公司的一名运输员。2022 年 1 月 1 日他收到华盛食品有限公司销售部李某发给他的运输计划单，一批货物需从北京工厂运输至华盛食品辽宁销售中心，刘某从事运输员的工作只有 3 个月，那么他作为物流专业的高才生会如何完成此批运输计划的业务受理作业呢？

运输计划单如表 3 - 1 - 1 所示。

表 3 - 1 - 1　运输计划单

订单号	客户名称	商品名称	数量	单位	重量 （t）	体积 （m³）	日期
Y00090101	华盛食品有限公司	统一冰红茶（250ml）	45	箱	3		2022 - 01 - 03
Y00090101	华盛食品有限公司	冰露矿泉水	55	箱	4		2022 - 01 - 03
Y00090101	华盛食品有限公司	农夫山泉	30	箱	2		2022 - 01 - 03
Y00090104	华盛食品有限公司	清风卷纸（原木纯品）	80	箱		20	2022 - 01 - 03
收货地址：	辽宁省沈阳市于洪区中北路×号						
联系人：	王×艳						
电话：	024 - ××××5678						

作为北京必达物流公司的客户，华盛食品有限公司与其对接的主要负责人是李某，她的电话是010－××××7890，地址是北京市大兴区亦庄。

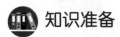 知识准备

一、整车运输业务概述

根据道路货物运输的规定，一次货物运输在3吨以上者可视为整车运输。如货物重量不足3吨，但不能与其他货物拼装运输，需单独提供车辆办理运输，也可视为整车运输。但以下货物必须按整车运输：①鲜活货物，如冻肉、冻鱼、鲜鱼，活的牛、羊、猪、兔、蜜蜂等；②需用专车运输的货物，如石油、烧碱等危险货物，粮食、粉剂的散装货等；③不能与其他货物拼装运输的危险品；④易于污染其他货物的不洁货物，如炭黑、皮毛、垃圾等；⑤不易于计数的散装货物，如煤、焦炭、矿石、矿砂等。

整车运输同零担运输相比，作业过程简化了，没有了货站的装卸分拣作业，一般是将整车货物从起点直接运到终点。整车运输对生产服务设施的要求不高，只要拥有一台运输车辆即可从事整车运输，因此整车运输是由大量分散的小型运输企业甚至个体车辆来完成的。在我国，绝大多数的车辆都进行整车货物运输。

请扫描右侧二维码，学习整车货物运输的特点。

整车货物运输的特点

二、整车货物运输受理的流程

在道路货物运输中，货物托运人向道路运输部门提出运送货物的要求叫托运；道路运输部门接受货物运输的行为叫受理，也称承运。道路货物的托运与受理一方面能为货主解决生产、销售、进出口运输需要；另一方面也使运输部门有了充足的货源，满足运力的需要。下面简单介绍整车货物运输受理的流程。

1. 货物托运人签填托运单

整车货物的托运单一般由托运人填写，也可委托他人填写，并应在托运单上加盖与托运人名称相符的印章。托运单的填写有严格的要求：①内容准确完整，字迹清楚，不得涂改。如有涂改，应由托运人在涂改处盖章证明。②托运人、收货人的姓名、地址应填写全称，起运地、到达地应详细说明所属行政区。③货物名称、包装、件数、体积、重量应填写齐全。

请扫描右侧二维码，了解常用的汽车货物托运单和货物清单样式。

常用的汽车货物托运单和货物清单样式

2. 托运单审核及审批

运输公司收到托运人的运输订单后，通常由业务受理员对运输订单的内容进行审核。通过运输订单审核，明确客户发运的货物是否属于公司承运范围，以及能否达成客户的发运要求，并决定是否受理本次运输业务。

请扫描右侧二维码，了解公路禁运品。

公路禁运品类别

（1）货物的详细情况。业务受理员应审核货物的详细情况（名称、体积、质量、运输要求），并根据具体情况确定是否受理。通常下列情况运输公司不予受理：

▶ 法律禁止流通的物品或各级政府部门指令不予运输的物品。

▶ 属于国家统管的货物或经各级政府部门列入管理的货物，必须取得准运证明方可承运。

▶ 属于公司没有运输资质的危险品货物。

▶ 属于公司没有运输资质的超长、超高、超宽货物。

▶ 属于公司没有运输资质的鲜活易腐货物。

▶ 目的地不在公司线路覆盖城市的货物。

（2）货物的运输信息。在确定运输订单的货物属于公司可承运货物的范围内后，业务受理员应审核托运人的具体运输业务信息，主要注意以下几个方面：

▶ 收发货人的联系方式：收货人的电话最好是座机及手机号码同时记录。

▶ 运输要求：运输时限、包装、是否要求取货和送货。

▶ 结算方式：每票只能选择唯一的结算方式，明确付款方式。

▶ 保险：向客户确认是否需要投保，如不投保需向客户讲明最高赔付限额。

▶ 单据要求：是否需要签收回单。

业务受理员对照公司运输条件确定能否满足这些要求，并与其沟通确认相关要求后，确定是否受理托运申请。

想一想

11月27日，位于沙洋经济开发区的熊兴化工有限公司职工杨某，经沙洋运通物流有限公司，向山东潍坊某制药厂快递氟乙酸甲酯样品。货物从沙洋发往山东潍坊后，在潍坊分拨中心发生泄漏，导致数人中毒、部分货物受到污染。11月29日，受污染货物照常投送，山东广饶县一刘姓男子在收到网购童鞋几小时后出现呕吐、腹痛等症状，当天因抢救无效死亡。

（1）以上案例说明了一个什么问题？

（2）怎样才能避免这种事故发生呢？

参考答案：

（1）说明运输承运时对运输货品检查的重要性。

（2）运输公司应当明确哪些货品是禁运的，并在货物承运时做好货物检查。

任务实施

步骤一　订单录入

在系统主页面点击【业务受理】，进入业务处理页面，如图3-1-1所示。

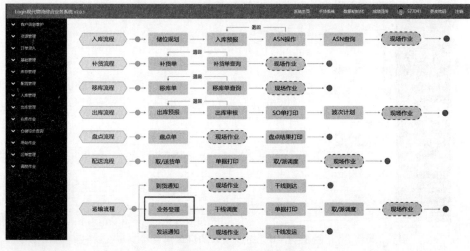

图3-1-1　系统主页

图3-1-1
系统主页

进入【业务受理】页面后，点击【新增】按钮，增加新的运输业务受理单，在该页面中按照运输通知单内容录入相应信息，如图3-1-2、图3-1-3所示。

图3-1-2
点击新增

图 3-1-2　点击新增

图 3-1-3　录入订单信息

图3-1-3
录入订单
信息

进入订单录入页面，根据运输通知单信息，在系统中录入运输信息：客户指令号、目的站、是否取送（选择"送货"）、客户信息、收货信息等，如图3-1-4所示。

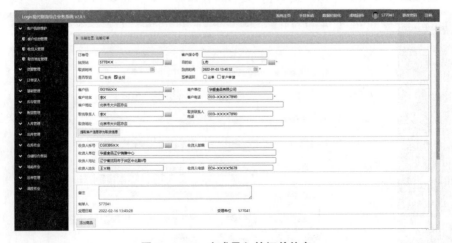

图3-1-4
完成录入的
订单信息

图 3-1-4　完成录入的订单信息

之后点击"添加商品",根据本运输订单信息录入对应的运输货品,待所填信息确认无误后,点击【保存订单】按钮保存订单,如图 3-1-5 所示。

图3-1-5
保存订单
信息

图 3-1-5 保存订单信息

步骤二 发送审核及确认

对录入完成并保存成功的运输订单,可发送审核并生成作业计划。在"运输订单"管理列表中勾选待处理的运输订单,点击【发送审核】按钮发送审核,如图3-1-6所示。

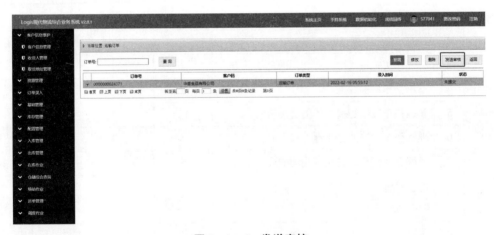

图3-1-6
发送审核

图 3-1-6 发送审核

进入运输订单信息核对界面,核对订单信息,信息确认无误后,点击【确认审核】按钮生成作业计划。如果在审核订单时,发现单据录入信息有误,可在当前页面编辑修改信息,如图3-1-7所示。

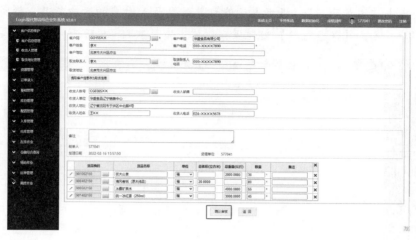

图3-1-7
确认审核

图 3 - 1 - 7　确认审核

任务评价

班级				姓名			小组	
任务名称	托运受理							
考核内容		评价标准		参考分值（100）	学生自评	小组互评	教师评价	考核得分
职业素养情况	1	具有良好的沟通能力		5				
	2	具有信息收集能力		5				
	3	在任务实施过程中具有较强的总结能力		10				
知识掌握情况	4	了解整车运输业务		5				
	5	掌握整车货物运输业务的受理流程		15				
	6	理解整车运输业务受理方式		10				
能力提升情况	7	能够掌握整车运输业务受理的途径		5				
	8	能够对整车运输订单进行有效性审核，判断托运货物是否可以受理		15				
	9	能够完成整车运输业务受理		10				
参与活动情况	10	积极参与任务实施		5				
	11	积极参与小组讨论		5				
	12	积极回答老师的提问		10				
小计								
合计 = 自评×20% + 互评×20% + 教师评×60%								

任务二 货物承运

任务目标

通过本任务的学习，可以达成以下目标：

(1) 能够签订公路整车运输委托协议及合同
(2) 能够对整车运输货物进行核实检查
(3) 能够完成货物的装车通知单
(4) 能够完成货物承运的相关单证交接

任务发布

华盛食品有限公司是生产饮料和膨化食品的企业，主要由北京必达物流公司负责其从北京工厂（北京市大兴区亦庄）到全国各地的分工厂或销售中心仓库的产品运输，于某是北京必达物流公司的一名运输员。2022 年 1 月 1 日他收到华盛食品有限公司销售部李某发给他的运输计划单，一批货物需从北京工厂运输至华盛食品辽宁销售中心，运输计划单如表 3 - 2 - 1 所示。

表 3 - 2 - 1　运输计划单

订单号	客户名称	商品名称	数量	单位	重量 (t)	体积 (m³)	日期
Y00090101	华盛食品有限公司	统一冰红茶（250ml）	45	箱	3		2022 - 01 - 03
Y00090101	华盛食品有限公司	冰露矿泉水	55	箱	4		2022 - 01 - 03
Y00090101	华盛食品有限公司	农夫山泉	30	箱	2		2022 - 01 - 03
Y00090104	华盛食品有限公司	清风卷纸（原木纯品）	80	箱		20	2022 - 01 - 03

收货地址：	辽宁省沈阳市于洪区中北路×号
联系人：	王×艳
电话：	024 - ×××× 5678

目前该运输计划单已经完成了订单录入及审核，接下来业务员需要根据订单信息完成委托合同的签订，并完成货物的承运。

📚 知识准备

一、货物承运

货物承运是承运人负责运送货物的开始，也表示承运人开始履行对托运人所托货物的运送义务，并在规定的责任范围内对所承运货物的数量和质量承担责任。对于规定禁运、限运以及需要办理海关、检疫、卫生、纳税等手续的货物和应附有证明文件的货物，托运人应将各项文件，随运单同时提交承运人。货物运单经承运人审核签认，托运人按规定时间将托运的货物送交指定地点接受检验。

二、货物检查

1. 货物包装

货物的包装属托运人的职责范围。为了使货物在运输过程中保持完好和便于装载，发货人在托运货物之前，应按相应的国家标准及有关规定进行包装。凡在国家标准或相关规定内没被列入的货物，发货人应根据托运货物的质量、性质、运距、道路、气候等条件，按照运输工作的需要做好包装工作。车站对发货人托运的货物，应认真检查其包装质量，发现货物包装不合要求时，应建议并督促发货人将其货物按有关规定改变包装，然后再行承运。

凡在搬运、装卸、运送或保管过程中，需要加以特别注意的货物，托运方除必须改善包装外，还应在每件货物包装物外表明显处，贴上货物运输指示标志。

图 3 - 2 - 1　整车运输货物包装

2. 货物重量

货物的重量是企业统计运输工作量和核算货物运费的依据。货物重量分为实际重量和计费重量。

公路运输的货物有重质货物与轻泡货物之分。凡平均每立方米质量不足 333 千克的货物为轻泡货物；否则为重质货物。公路货物运输经营者承运有标准质量的整车实重货物，一般由发货人提出重量或件数，经车站认可后承运。货物重量应包括其包装重量在内。

图 3 - 2 - 2　货物运输指示标志

三、整车货物运输委托合同及协议

委托人和代办人签订《公路货物代运委托协议书》作为交接、代运工作中双方责任划分的依据。

另外，关于协议书中买卖双方的责任说明如下：在国际货物买卖中，卖方的主要义务是交货、交单、品质担保、权利担保，买方的主要义务是支付货款和接收货物。买方的接收货物义务要求买方要按时提取货物，不管该货物是否符合合同规定的质量或数量。接收货物不等于接受货物。接受表明买方认为货物的质量符合买卖合同的规定，而接收并不表明买方对货物的质量没有异议，如货物在目的地经检验与合同不符，买方也应接收货物，然后索赔。此时，买方有义务先接收货物，再追究卖方的违约责任。《联合国国际货物销售合同公约》（以下简称《公约》）第七十七条规定："声称另一方违反合同的一方，必须按情况采取合理措施，减轻由于该另一方违反合同而引起的损失，包括利润方面的损失。如果他不采取这种措施，违反合同一方可以要求从损害赔偿中扣除原可以减轻的损失数额。"因此，买方在收货后有权退货，即《公约》中的宣告合同无效，类似于我国合同法中的解除合同。

请扫描右侧二维码，了解公路货物运输合同样例。

公路货物运输
合同（样例）

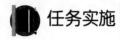 **任务实施**

步骤一　签订委托协议书

签订了公路运输协议书之后，托运人和承运人双方还需要签订公路运输合同。公路运输合同是在公路运输协议书的基础上，双方就一些具体细节及双方责任等相关事宜进行磋商后签订的。

表3-2-2　公路运输委托单据

托运单位		托运人	
承运单位		承运人	
车型车号		货物名称	
货物价值		规格	
重量		数量	
包装形式		合同规则	
装货地点		卸货地点	
协议有效期		托运人证件	
总运价		付款方式	
司机电话		货主电话	

说明：

（1）运输途中，如因手续不全，以及超长、超高、超宽所造成的罚款及包装缺陷造成的损失，均由托运方承担。

（2）运输途中，如因车辆原因，以及驾驶员自身原因所造成的罚款、停车费、过渡费、过桥费等均由承运方承担。

（3）托运方押（不押）车，如发生货缺，货损由承运方负责。

（4）协议没有谈到的事项由双方协商。如达不成协议，可由有关部门或法院裁决，所有费用由败诉方承担。

（5）货运服务业户只对协议起中介、证明作用，不承担任何法律责任。

（6）此协议双方签字生效，谁违约，谁负经济责任。

备注

托运方签字盖章：_____　　　　　　经办单位盖章：_____
　　　　　　　年　　月　　日　　　　　　　　　　　　　　　年　　月　　日

受理日期：　　　年　　月　　日

步骤二　核实货物

货物起运前的核实工作也称理货或验货，其主要内容包括：①承托双方共同验货；②落实货源、货流；③落实装卸、搬运设备；④查清货物待运条件是否变更；⑤确定装车时间；⑥通知发货、收货单位做好过磅、分垛、装卸等准备工作。

步骤三　装货及寄送装车通知

托运人收到发货人发出的货物装车通知后，立即转告代办人，应凭约定的装货手续发货。

装货时，双方当事人应在场核对货物品名、规格、数量是否与运单相符，并查看包装是否符合规定标准或要求。

承运人确认无误后，应在托运人发货单上签字；发现不符合规定或危及安全运输的，不得起运；由于包装轻度破损，短时间修复、调换有困难，托运人坚持装车起运的，经双方同意，并做好记录和签名盖章后，方可装运，其后果由托运人负责。

表 3 - 2 - 3　货物装车通知单

货物名称	规格	数量	单价（元）	金额（元）	备注
总计					

装运时间：

装运人签字：

步骤四　送交有关单证

委托人通过付汇、赎单后，在货物装车之前，按照代办人的要求，将代运依据中提及的一切有关单证送交承运人手上。货物接收的有关单证包括：合同副本（两份）；正本提单；发票（两份）；装箱单（两份）；品质证明书（两份）；保险单；货物许可证（原件）；属于危险品的，还应提交危险品品质证明书；等等。

代办人收到委托人提交的单据、证件，于货物抵达后，办理相应的手续。

表 3 – 2 – 4　货物接收单

供货方：

负责人：　　　　　　职务：　　　　　　　　电话：

接收方：

负责人：　　　　　　职务：　　　　　　　　电话：

供货项目名称：

收货地点：　　　　　　收货时间：

产品名称	规格	数量	单价（元）	金额（元）	备注
总计					

质量异议：

收货方（盖章或签字）：

收货日期：　　　　年　　　月　　　日

任务评价

班级			姓名			小组		
任务名称		货物承运						
考核内容		评价标准	参考分值（100）	学生自评	小组互评	教师评价	考核得分	
职业素养情况	1	具有良好的沟通能力	5					
	2	具有信息收集能力	5					
	3	在任务实施过程中具有较强的总结能力	10					
知识掌握情况	4	了解委托协议书及合同的内容	5					
	5	了解装车通知单的内容	15					
	6	理解货物承运的主要工作内容	10					
能力提升情况	7	能够签订委托合同	5					
	8	能够对承运货物进行检查	15					
	9	能够完成装车通知单的制作	10					
参与活动情况	10	积极参与任务实施	5					
	11	积极参与小组讨论	5					
	12	积极回答老师的提问	10					
小计								
合计 = 自评×20% + 互评×20% + 教师评×60%								

任务三 运输调度

◎ 任务目标

通过本任务的学习，可以达成以下目标：

> （1）理解整车运输调度与零担运输调度的区别
> （2）掌握整车公路运输调度的作业流程

📝 任务发布

2021 年 7 月 13 日 18：00，场站发货调度员接到由业务部发来的整车货物托运单（业务员已将运费结算），发货调度员需要根据接到的货物托运单完成车辆的调度。

发货调度员在接到了托运单之后，查看了公司车辆的运行情况，了解到可调度的车辆数量及类型。为了更好地调度车辆，发货调度员还翻阅了 6 月的行车日志，了解各个驾驶员的行驶路线。发货调度员需要根据货物托运单的货物信息、始发站以及目的站、车辆信息以及司机经常行驶路线等信息合理调度车辆、安排路线，完成这批货物的发货调度。

假如你是发货调度员，请你完成这批货物的发货调度。

请扫描右侧二维码，查看任务引入基本信息（整车货物托运单、可调度车辆、驾驶员经常行驶区域信息）。

任务引入基本信息

📖 知识准备

一、整车运输调度与零担货物运输调度的区别

1．接收任务的方式不同

整车货物运输主要是接收业务部门提供的客户托运单，调度员根据客户的托运单下达路单，交给驾驶员即可。装货一般都由托运人负责。零担货物运输的单据比较复

杂，分为站点调度、车队调度和场站调度。站点调度主要是根据客户托运信息，将货物提至站点仓库，接着下达上转移货物计划给车队调度以及场站发货调度，车队调度接收上转移计划，制定取货装车计划，将货物取至场站仓库，等待各个站点的货物达到一定量时，由场站发货调度员根据上转移货物计划制定发货装车计划，将货物发至收货人所在省场站仓库。总的来说，整车货物运输单据的流转、流程较简单，而零担货物运输单据的流转以及流程比较复杂。

2. 调度不同

整车货物运输调度主要由场站发货调度一个调度完成运输调度作业；而零担货物运输需要站点调度员、车队调度员以及场场调度员共同完成运输调度作业。

二、整车运输调度作业流程

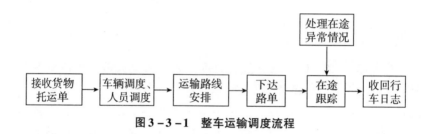

图 3 – 3 – 1　整车运输调度流程

1. 接收货物托运单

发货调度员接收到业务部门发来的整车货物托运单后，仔细审核货物托运单。审核托运单上的货物是否符合运输标准，长、宽、高等是否符合承运标准。托运单一式三联，第一联由业务部门留存、第二联由调度部门留存、第三联由财务部门留存。

2. 车辆调度、人员调度

（1）车辆调度。发货调度员需要根据货物信息完成车辆的安排。在进行车辆安排时，必须要根据车辆调度的原则、货物实际重量、实际体积等确定车型。比如轻泡货物的体积较大，要根据货物实际体积选择车型。

（2）人员调度。由于整车货物运输比较特殊，时间比较长，为了减少因司机疲劳驾驶引起的异常情况，一般需要两名驾驶员进行驾驶，提高在途运输的安全性。

在安排驾驶员时还需要以其经常行驶路线为基准，大大减少运输途中的异常情况发生。

整车货物运输驾驶人员的要求：驾驶人员要有较高的驾驶技术以及处理紧急异常情况的能力；驾驶人员需要具备强烈的职业素养；驾驶人员需要在装货地点进行监装监卸，在有必要的情况下，可以帮助现场装货人员一起装货。

3. 运输路线安排

运输路线的确定有以下原则和要求：

（1）国道优先，不建议走下道。由于整车货物运输货量较大、货物特殊性较高，为了减少异常情况的发生，需要走国道，尽量不走下道。

（2）客户推荐。当市场部门在和客户进行业务谈判时，客户会推荐可行的路线（如济南：客户推荐路线，邮件有时间限制，建议比较快的路线），那么运输路线基本确定。需要注意的是，无论是客户推荐路线还是自行确定路线，对于比较重要的路线和业务，在第一次的作业中需要相关领导随行，进行验路。

（3）运输路线的确定必须以效率最高、路径最短、安全性较高为原则。

4．下达路单

运输调度员根据车辆、人员以及路线的确定情况填制路单，并将路单下达给驾驶员。路单的填写不得涂改、不得乱画，必须保证信息的正确性。调度员在路单上签字并将路单下达给驾驶员，驾驶员携带路单完成整车货物运输业务。

请扫描右侧二维码，查看路单的样式。

路单样式

任务实施

步骤一　接收整车货物托运单

根据货物托运单，得出待运货物是饲料，袋装，重量为4.5吨，且货物无特殊性，属于可承运货物。审核完毕之后，调度员在货物托运单上签字确认。

托运日期：　　年　　月　　日　　　　　　始发站：　　　　　　　　　到达站：

托运单位	北京中牧华罗饲料发展公司	地址	北京市朝阳区东三环北路XX号院X号楼	联系人	刘X	联系电话	182XXXX30578	一联业务留存
收货单位	南京西岗果牧场	地址	江苏省南京市栖霞区庙山湖站	联系人	张X	联系电话	183XXXX68795	
约定提货时间	2021.7.7	约定交付时间	2021.7.9	交付方式	送货□　自提□			一联调度留存
货物名称	车型	包装	件数	重量（吨）	计费重量（吨）	保险保价	运距（公里）	项目	单价	金额

货物名称	车型	包装	件数	重量（吨）	计费重量（吨）	保险保价	运距（公里）	项目	单价	金额	
饲料	挂车	袋装	180	4.5	4.5	10000元	1024.3	运输费用	0.38元/t·km	1752	一联调度留存
								保价费	2%	20	
								回付运费			
								单程空驶损失费	30%运费	526	二联财务留存
								运费合计		2278	

托运人注意事项： 1.托运人填写时，自己要清楚。 2.货物包装必须符合公路运输、捆扎牢固。 3.发生委托合同纠案（经济合同法）就有关规定解决。 4.委托方对其真实性、正确性负责。			双方特约事记：				
受理签章	赵X 2021 年 7 月 13 日	复核签章	林X 2021 年 7 月 13 日	调度签章	高X 2021 年 7 月 14 日		

图 3-3-2　调度员签字

步骤二　车辆调度、人员调度

1. 初步车辆调度、人员调度

（1）根据货物总量首次确定车辆。根据货物重量，首次选择可以调度的车辆如下：有京 AS59××和车辆京 AR35××两辆车可以调度。

京AS59×× 林×、　　京AR34×× 赵×、　　京AR35×× 马×、　　京AD35××挂 李×、
赵×5吨/30立方米　　林×8~10吨/45立方米　　付×江3~5吨/25立方米　　施×8~10吨 ✗

图 3 - 3 - 3　可调度车辆

（2）由于整车运输的特殊性，基本都是固定的司机驾驶固定的车辆，这样驾驶员不仅熟悉车辆情况，还能肩负起车辆简单的检查、保养的责任。根据初次定的车辆，可以调度的人员有林×、赵×或者马×、付×。

2. 再次确定车辆及人员

根据货物性质以及驾驶员经常行驶区域再次确定车辆。首先，由于货物是饲料，为了防潮，确定车辆京 AS59××不适合；其次，根据驾驶员经常行驶区域，再次确定车辆京 AS59××不可调度。

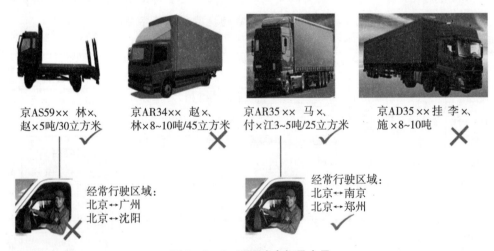

图 3 - 3 - 4　可调度车辆及人员

经过上述步骤，确定的车辆为京 AR35××，驾驶人员为马×、付×，由于马×驾驶技术较强，因此确定马×为正驾驶，付×为副驾驶。

步骤三 运输路线设计

首先，根据国道优先、不走下道的原则，调度员决定必须走高速，接着根据以往的运输经验，再通过查阅地图，得到从北京到南京的高速路线共有3条：①途径：京沪高速公路、新阳高速公路，历时12小时19分钟，约1024.3公里；②途径：京沪高速公路、京台高速公路，历时12小时25分钟，约1042.1公里；③途径：荣乌高速公路、长深高速公路，历时12小时50分钟，约1066.5公里。

根据查询结果以及驾驶员分享的经验，调度员决定安排驾驶员走京沪高速公路以及新阳高速公路完成这票货物的承运。

步骤四 下达路单及行车日志

调度员将路单及行车日志下达给驾驶员，并通知驾驶员去装货地点装货。驾驶员携带路单、行车日志及GPS设备去规定装货地点装货。

步骤五 装车

货物装车应具备三个基本条件：①货物包装完整、清洁、牢固，货物标志与标记清晰、完善；②车辆车体完整、清洁，技术状况良好，具备装货条件；③单证齐全，内容完备、准确。由发货人装车的货物，发货人应对其负责装车的货物进行现场监装，对公路负责装车的货物一般由公路监装，必要时可要求发货人在车站货场检查装载情况。现场监装工作的内容主要有以下几个方面。

（1）装车前，检查货位上的货物，复核点数，看是否符合装车条件。

（2）车辆到达时，会同公路货运员检查车辆是否符合装车要求。

（3）合理装载。装车时，对配载货物做到心中有数，计算准确，装载合理，保证货物全部装车。检查货物是否装载恰当，确保货物运输安全。

（4）装车完毕，检查车辆是否封闭、加固、通风，并检查其他相应的安全措施。

（5）记录车号，做好发运登记，并在出口货物明细单上填写车号、运单号和装车日期。如实际车数与原单记载有出入，应及时修改和更正。

（6）装车结束后，及时向车站交付运费，取回盖有发站承运戳记的运单副本和副本抄件。

任务评价

班级			姓名				小组		
任务名称		运输调度							
考核内容		评价标准			参考分值（100）	学生自评	小组互评	教师评价	考核得分
职业素养情况	1	具有良好的沟通能力			5				
	2	具有信息收集能力			5				
	3	在任务实施过程中具有较强的总结能力			10				
知识掌握情况	4	理解整车运输调度与零担运输调度的区别			5				
	5	了解路单			15				
	6	理解整车调度发货调度的流程			10				
能力提升情况	7	能够正确填制路单			5				
	8	能够阐述整车运输调度与零担运输调度的区别			15				
	9	能够完成整车货物发货调度			10				
参与活动情况	10	积极参与任务实施			5				
	11	积极参与小组讨论			5				
	12	积极回答老师的提问			10				
小计									
合计 = 自评×20% + 互评×20% + 教师评×60%									

任务四　在途管理

任务目标

通过本任务的学习，可以达成以下目标：

(1) 能够区分北斗车辆监控系统和车载视频监控系统的功能和使用范围
(2) 能够明确北斗车辆监控系统的监控操作步骤
(3) 能够识别并处理在途车辆异常

任务发布

长风物流快运有限公司为了保证货物的在途安全、有效管理在途车辆、提高车辆运输效率以及提高行车安全，对车辆都安装了北斗车辆监控系统和车载视频监控系统。场站发货调度员则需对在途车辆进行管理和监控。

作为场站发货调度员，必须掌握北斗车辆监控系统和车载视频监控系统的结构、功能及其相应的操作，同时能够从监控系统中发现车辆在途异常并处理异常。

知识准备

一、车辆在途监控技术概述

车辆监控系统是智能交通系统（Intelligent Transportation System，ITS）的重要组成部分，融合了卫星定位系统（GNSS）、地理信息系统（Geographic Information System，GIS）、现代计算机、无线通信等代表先进生产力的技术，国外的政府、组织和科技企业早已在上述领域开展了广泛而深入的研究与应用，且取得了一定的成果。

车辆监控系统的主要组成部分包括三个单元：车载终端、信息网关和监控平台。车载终端提供定位信息和状态信息，是车辆监控系统的感知部分，

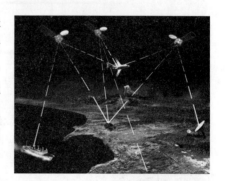

图 3 - 4 - 1　卫星定位系统

相当于触角。目前，北斗卫星导航系统（BDS）、美国 GPS、俄罗斯 GLONASS 和欧盟

GALILEO 是联合国卫星导航委员会已认定的供应商。

请扫描右侧二维码，了解北斗车辆监控系统。

北斗车辆监控系统

二、车辆异常处理

1. 车辆在途异常的种类

车辆在途运输过程中常见的异常主要有以下几种：

（1）车辆长时间停滞。其主要原因如下：

▶ 暴风、暴雨、水灾、地震、运输道路毁坏等自然灾害造成交通封闭或堵塞，导致车辆处于停滞状态。

▶ 车辆发生故障无法运行。

▶ 交通事故导致车辆无法继续承运。

▶ 政府部门扣车检查。

（2）车辆行驶路线偏移。

（3）车辆超速。

（4）在途超时。

2. 车辆在途异常处理原则

车辆在途异常处理包括 8 个原则，如图 3 - 4 - 2 所示。

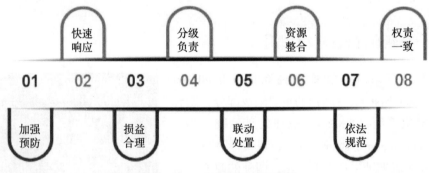

图 3 - 4 - 2　车辆异常处理原则

　　请扫描右侧二维码，了解运输在途异常情况标准处理流程。

某公司运输在途异常情况标准处理流程

任务实施

引导问题：2016 年 7 月 1 日车京 AL01××和车京 AS42××出发后，场站发货调度员开始对两辆车进行在途监控。2016 年 7 月 2 日 07：10，北斗车辆监控系统发出报警信息，调度员查看监控画面，发现车京 AL01××发生以下异常：长时间滞留，时间为 2016 -07 -02 06：10：00 至 07：10：00，位置为济南绕城高速。

假设你是调度员，请你处理车京 AL01××的异常情况？

长时间滞留异常发生的原因有恶劣天气或自然灾害、车辆故障、交通事故、政府部门扣车检查 4 种。根据不同的原因，场站发货调度员会做出以下处理：

(1) 恶劣天气或自然灾害造成的长时间滞留异常处理。

----

(2) 车辆故障造成的长时间滞留异常处理。

----

(3) 交通事故造成的长时间滞留异常处理。

----

(4) 政府部门扣车检查造成的长时间滞留异常处理。

请扫描右侧二维码，查看任务实施参考答案。

任务实施参考答案

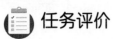 任务评价

班级			姓名			小组			
任务名称		在途管理							
考核内容		评价标准		参考分值（100）	学生自评	小组互评	教师评价	考核得分	
职业素养情况	1	具有良好的沟通能力		5					
	2	具有信息收集能力		5					
	3	在任务实施过程中具有较强的总结能力		10					
知识掌握情况	4	了解车辆监控系统		5					
	5	了解车辆在途异常的种类		5					
	6	理解车辆在途异常处理的原则		10					
	7	掌握车辆在途异常处理的方法		10					
能力提升情况	8	能够区分北斗车辆监控系统和车载视频监控系统的功能和使用范围		10					
	9	能够明确北斗车辆监控系统的监控操作步骤		5					
	10	能够处理车辆在途异常		15					
参与活动情况	11	积极参与任务实施		5					
	12	积极参与小组讨论		5					
	13	积极回答老师的提问		10					
小计									
合计 = 自评×20% + 互评×20% + 教师评×60%									

任务五　到达结算

◎ 任务目标

通过本任务的学习，可以达成以下目标：

(1) 掌握货物到达作业的流程
(2) 能够对货物运费进行计算和收取

📄 任务发布

某物流货运中心调度员接到分公司的到货通知，下午六点左右一辆整车公路运输班车将到达货运中心。

你知道货运中心办理这批货物的到站业务的流程吗？

📚 知识准备

图 3 - 5 - 1　整车货运班车

一、货物到达作业

1. 接收到货预报

调度员可以使用账号、密码登录运输系统，进入运输操作导航界面，查询到货通知。

货物监卸人员（运输物流员）在接到卸货预报后，应立即了解卸货地点、货位、行车道路、卸车机械等情况。在车辆到达卸货地点后，应会同收货人员、驾驶员、卸车人员检查车辆装载有无异常，一旦发现异常应做出卸车记录后再开始卸车。

2. 到站货物交接

(1) 检查到达车辆。具体操作内容如下：

1) 引导车辆停靠。现场操作员指挥班车司机将车辆停靠在指定的交接场地，同时注意车辆和人身安全。为保障在库人员安全，工作人员必须疏散倒车死角处所有在库人员，且不得正对车后或车旁死角处指挥倒车。

2) 核对班车信息。班车司机到调度处提交《货物运输交接单》，调度员将系统所示的到货通知信息与班车司机提供的《货物运输交接单》进行比对，核对单据与预报信息是否一致，包括货物的总件数、总重量等具体信息。

3）检查车辆封志。现场操作员凭《货物运输交接单》核对施封枚数、字号，检查到站车辆的封志是否完好，有无拆动痕迹，对于松动、有可疑痕迹的应作记录；检查号码、标签是否清晰，对于模糊、有更改痕迹的应作记录。

请扫描右侧二维码，了解异常车辆封志及其处理方法。

异常车辆封志及其处理方法

（2）拆解车辆封志。到达车辆封志信息检查无误后，现场操作员拆解车辆封志，需要注意不得损伤封志条码或标签。

1）对于施封锁，应使用专用钥匙开启，并妥善保管钥匙以备查询及循环使用。

2）对于金属封志、塑料封志等，应使用剪刀或专用钳来拆解封志，剪开封绳。

 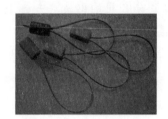 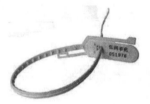

图 3-5-2　施封锁　　　　图 3-5-3　金属封志　　　　图 3-5-4　塑料封志

3．卸货

卸货时应根据运单及货票所列的项目与收货人点件或监秤记码交接。如发现货损货差，则应按有关规定编制记录并申报处理。收货人员可在记录或货票上签署意见但无权拒收货物。交接完毕后，应由收货人在货票收货回单联上签字盖章，公路承运人的责任即告终止。

请扫描右侧二维码，了解货物卸载操作规范。

货物卸载操作规范

二、确定计费重量

1．计量单位

（1）整批货物运输以吨为单位；吨以下计至 100 千克，尾数不足 100 千克的四舍五入。

（2）零担货物运输以千克为单位；千克以下计至 1 千克，尾数不足 1 千克的四舍五入。

（3）集装箱运输以箱为单位。

2．计费重量（箱数）的确定

（1）一般货物。货物计费重量一般以起运地过磅重量为准。起运地不能或不便过磅的货物，由承、托双方协商确定计费重量。整批、零担货物的计费重量均按毛重（含货物包装、衬垫及运输需要的附属物品）计算。

（2）轻泡货物。轻泡货物是指每立方米重量不足 333 千克的货物。装运整批轻泡货物的长、宽、高，以不超过有关道路交通安全规定为限度，按车辆标记吨位计算。零担运输轻泡货物以货物包装最长、最宽、最高部位尺寸计算体积，按每立方米折合 333 千克计算其计费重量。

（3）包车运输的货物。按车辆的标记吨位计算其计费重量。

（4）散装货物。如砖、瓦、砂、石、土、矿石、木材等，按体积由各省、自治区、直辖市统一规定的重量换算标准计算其计费重量。

（5）托运人自理装车的货物按车辆额定吨位计算其计费重量。

（6）统一规格的成包成件货物。根据某一标准件的重量计算全部货物的计费重量。

（7）接运其他运输方式的货物。无过磅条件的，按前程运输方式运单上记载的重量计算。

（8）拼装分卸的货物按最重装载量计算。

三、确定计费里程

1．计费里程的单位

公路货物运输计费里程以千米为单位，尾数不足 1 千米的四舍五入。

2．计费里程的确定

（1）货物运输的计费里程，按装货地点至卸货地点的实际载货的营运里程计算；营运里程以交通运输部和各省级交通行政主管部门核定、颁发的《营运里程图》执行，未经核定的里程，由承、托双方商定或按车辆实际运行里程计算。

（2）同一运输区间有两条（含两条）以上营运路线可供行驶时，应按最短的路线计算计费里程或按承、托双方商定的路线计算计费里程。

（3）拼装分卸的货物，其计费里程为从第一装货地点起至最后一个卸货地点止的载重里程。

（4）出入境汽车货物运输的境内计费里程以交通主管部门核定的里程为准；境外里程按毗邻国（地区）交通主管部门或有权认定部门核定的里程为准。未核定里程的，由承、托双方协商或按车辆实际运行里程计算。

（5）因自然灾害造成道路中断，车辆需绕道而驶的，按实际行驶里程计算。

（6）城市市区里程按当地交通主管部门确定的市区平均营运里程计算；当地交通主管部门未确定的，由承、托双方协商确定。

四、进行运费计算

1. 整车短途运费的计算

按货物的重量和体积来计算，以北京到天津港为例，货物重量大约30吨，用车为12.5米半挂车一辆，运费大概为1900元。根据实际的重量和千米数，合0.2～0.5元/（吨·千米）。按千克计算的货物就以当地货运市场的具体操作来算，轻货按体积来计算，合每立方米0.5～1.0元/（吨·千米）。

2. 整批货物运费的计算

整批货物运费（元）＝整批货物运价［元/（吨·千米）］×计费重量（吨）×

计费里程（千米）＋车辆通行费（元）＋其他法定收费（元）

其中，整批货物运价按货物运价价目计算。

3. 集装箱运费的计算公式

重（空）集装箱运费（元）＝重（空）集装箱运价［元/（箱·千米）］×

计费箱数（箱）×计费里程（千米）＋

车辆通行费（元）＋其他法定收费（元）

其中，集装箱运价按计价类别和货物运价价目计算。

4. 计时包车运费的计算公式

包车运费（元）＝包车运价÷［元/（吨·小时）］×包用车辆吨位（吨）×

计费时间（小时）＋车辆通行费（元）＋

其他法定收费（元）

其中，包车运价按照包用车辆的不同类别分别制定。

由以上公路货物运费的计算公式可以看出，计算公路货物运费，关键在于明确公路货物运输的运价价目、计费重量（箱数）、计费里程（时间）以及货物运输的其他费用。

请扫描右侧二维码，了解货物运输的其他费用。

货物运输的其他费用

五、收取费用

首先，按照上述要求计算运输及相关费用之后，整理好收费票据，妥善保管。

其次，根据收费票据详单，做好收费汇总表并交至托运人，确认后交回结算中心。

最后，结算中心根据收费汇总表开具发票，向托运人收取运费。结算公路货物运费时，应遵守如下规定：

（1）货物运费在货物托运、起运时一次结清，也可按合同采用预付费用的方式，随运随结或运后结清。托运人或者收货人不支付运费、保管费以及其他运输费用的，承运人对相应的运输货物享有留置权，但当事人另有约定的除外。

（2）运费尾数以元为单位，不足1元时四舍五入。

（3）货物在运输过程中因不可抗力灭失，未收取运费的，承运人不得要求托运人支付运费；已收取运费的，托运人可以要求返还。

 ## 任务实施

步骤一　货物到达作业

引导问题1：你是否有过这样的经历，发送的货物在寄送过程中发生了破损或者丢失，我们通过投诉热线对其进行了投诉。接到投诉后，运输公司会查找事故原因，进而进行责任划分。同样地，公路整车运输也会遇到这样的问题，这就要求承运公司在每一个交接环节都要进行认真检查，划分清楚各自的责任。那么，公路整车运输公司进行到货作业时，需要检查哪些内容呢？

引导问题2：（1）请问图片中的人在做什么？

（2）在做图中对应的工作时，应该注意什么？

图 3-5-5　操作示例

步骤二　整车运输费用结算

引导问题 3：某货主托运一批瓷砖，重 4538 千克，一级普货费率为 1.2 元/（吨·千米），吨次费为 16 元/吨，该批货物运输距离为 36 千米；瓷砖为普货三级，计价加成 30%，途中通行费 35 元。请计算货主应支付运费多少元？

扫一扫

请扫描右侧二维码，查看任务实施参考答案。

任务实施参考答案

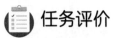 **任务评价**

班级			姓名		小组	
任务名称		到达结算				
考核内容		评价标准	参考分值（100）	学生自评	小组互评	教师评价	考核得分
职业素养情况	1	具有良好的沟通能力	5				
	2	具有信息收集能力	5				
	3	在任务实施过程中具有较强的总结能力	10				
知识掌握情况	4	了解货物到达作业的内容	10				
	5	掌握计费重量的确定方法	10				
	6	掌握计费里程的计算方法	10				
能力提升情况	7	能够完成计费重量和计费里程的计算	15				
	8	能够核算整车运输的费用并进行收取	15				
参与活动情况	9	积极参与任务实施	5				
	10	积极参与小组讨论	5				
	11	积极回答老师的提问	10				
小计							
合计＝自评×20%＋互评×20%＋教师评×60%							

任务一　业务受理

任务目标

通过本任务的学习，可以达成以下目标：

(1) 能够掌握运输通知单受理的影响因素
(2) 能够对运输订单进行有效性审核
(3) 能够根据要求正确完成业务受理，制定运输计划

任务发布

2022 年 1 月 3 日早上 8 点，长风物流北京货运中心业务受理员通过传真接到了来自客户的多笔运输通知单。

接到这些运输任务申请后，业务受理员需要与客户进行进一步的沟通和确认，待运输任务确认无误后接收运输任务，录入到运输系统中完成业务受理工作。

表 4-1-1　运输通知单 1

托运客户：上海杨浦商贸有限公司						
始发站：上海			目的站：上海			
托运人：白×						
取货地址：上海市宝山区大华二路×号						
联系方式：139××××5578			取货时间：2022-01-03，9：00~11：00			
收货单位（联系人）：荣华便利店（王×）						
收货地址：上海市杨浦区马台街×号						
联系方式：131××××9643			收货时间：2022-01-03，17：00~22：00			
货品名称	单位	包装规格（m³）（长×宽×高）	体积（m³）	重量（kg）	数量	备注
白猫柠檬红茶洗洁精	箱	0.45×0.35×0.56	0.05	2	1	

表 4 - 1 - 2　运输通知单 2

托运客户：上海杨浦商贸有限公司	
始发站：上海	目的站：广州
托运人：白×	
取货地址：上海市宝山区大华二路×号	
联系方式：139×××5578	取货时间：2022 - 01 - 03，9：00 ~ 11：00
收货单位（联系人）：广州童乐贸易有限公司（马×）	
收货地址：广州市前进路×号	
联系方式：139×××2298	收货时间：2022 - 01 - 05，17：00 ~ 22：00

货品名称	单位	包装规格（m³） （长×宽×高）	体积（m³）	重量（kg）	数量	备注
婴儿奶粉	箱	0.19×0.37×0.27	0.114	30	6	

📚 知识准备

一、业务受理流程

受理托运是指零担货物承运人根据营业范围内的线路、站点、距离、中转车站、各车站的装卸能力、货物的性质及受运限制等业务规则和有关规定接受托运零担货物，办理托运手续。

1. 填写零担货物托运单

受理托运时，由托运人填写零担货物托运单，承运人审核无误后方可承运。

零担货物托运单一般为一式两份，一份由起运站仓库存查，另一份在开票后随货同行。凡货物到站在零担班车运行线路范围以内的，称为"直线零担"，可填写"零担货运托运单"；需通过中转换装的，称为"联运零担"，可填写"联运零担货物托运单"。零担货物托运单一般是各承运人自行印制的标准表格（现也有部分企业采用软件填写，自动生成，随即打印的方式），其主要内容大同小异，常见格式如图4-1-1所示。

托运日期　　　　年　　月　　日
起运站＿＿＿＿＿　目的站＿＿＿＿
托运单位（人）＿＿＿＿＿　详细地址＿＿＿＿＿＿＿＿＿＿　电话＿＿＿＿＿
收货单位（人）＿＿＿＿＿　详细地址＿＿＿＿＿＿＿＿＿＿　电话＿＿＿＿＿

货物名称	包装	件数	实际重量	计费重量	托运人注意事项
					1. 托运单填写一式两份
					2. 托运货物必须包装完好，捆扎牢固
					3. 不得谎报货物名称，否则在运输过程中发生的一切损失均由托运人负责赔偿
					4. 托运货物不得夹带易燃易爆危险品
					5. 黑粗线以上各栏，由托运人详细填写
合计					

发货人记载事项			起运站记载事项		检验签收	

进货仓位＿＿＿＿＿　仓库管理员＿＿＿＿＿　发运日期＿＿＿＿年＿＿月＿＿日
到站日期＿＿＿＿＿　托运人（签章）＿＿＿＿＿

图 4-1-1　零担货物托运单常见格式

2. 核对运单

承运人在接到托运单后应审核各项内容是否正确无误，通过后则在运单上签章，表示接受托运。审核运单的具体要求如下：

（1）检查核对托运单的各栏有无涂改，对涂改不清的应重新填写。

（2）审核到站与收货人地址是否相符，以免误运。

（3）对货物的品名和属性进行鉴别，注意区别普通零担货物与笨重零担货物（对笨重零担货物要注意其长、宽、高能否适应零担货物的装载及起运站、中转站、到达站的装卸能力等），普通物品与危险品（对危险品则应按危规办理）。

（4）对一批货物多种包装的应认真核对，详细记载，以免错提错交。

（5）对托运人在声明事项栏内填写的内容应特别注意货主的要求是否符合有关规定，能否承运。

（6）核对货物的品名、件数和包装标志是否与托运单相符。

（7）注意是否夹带限制运输货物或危险货物，做到清点件数，防止发生差错。

（8）对长大、笨重的零担货物，要区别终点站，长大件不超过零担货运班车车厢的长度和高度；中途站长大件不超过零担货运班车后门宽度和高度；笨重零担货物不超过发站和到站的自有或委托装卸能力。

（9）在人力搬运装卸条件下，一般单件零担货物重量以不超过 40 千克为宜；笨重零担货物应按起运、中转、到达站的起重装卸能力受理。

二、受理托运申请的业务形式

运输公司受理托运一般有两种业务形式。

1. 托运人"送货上门"

这种业务形式类似于邮政网点的业务模式，零散客户一般采用这种业务形式。客户自行将货物运输到运输公司的收货站点进行现场托运，并办理相关托运手续。

2. 承运人"上门提货"

合同客户大多采用这种业务形式。客户通过电话、传真、信函、网上托运等方式将发货人、收货人、货物等详细信息传递给运输公司的业务受理部门，经过确认后，运输公司派遣相关工作人员前往客户处进行取货，并现场办理托运手续。

请扫描右侧二维码，了解客户的托运申请。

了解客户的托运申请

任务实施

步骤一　单据录入

在系统主页面点击【业务受理】，进入业务处理页面，如图4-1-2所示。

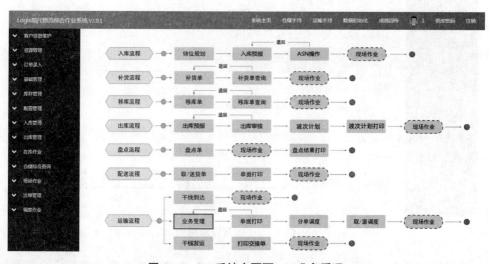

图4-1-2　系统主页面——业务受理

图4-1-2
系统主页
面——业
务受理

进入【业务受理】页面后，点击【新增】按钮，增加新的运输业务受理单，在该页面中按照运输通知单内容录入相应信息，如图4-1-3所示。

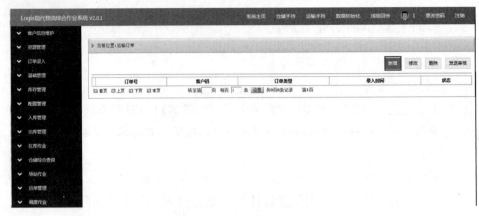

图4-1-3　新增运输订单

　　进入订单录入页面，根据运输通知单信息，在系统中录入运输信息：客户指令号、目的站、是否取送（选择"取货"）、客户信息、收货信息、商品信息等，待所填信息确认无误后，点击【保存订单】按钮保存订单。如图4-1-4所示。

　　注意：若目的站与始发站一致，则在选择目的站时，选择站点编号为当前使用账号的站点名称。

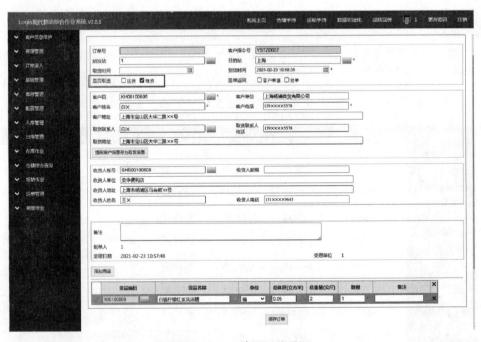

图4-1-4　填写订单明细

　　同样地，在系统主页面点击【业务受理】，进入业务处理页面。进入【业务受理】页面后，点击【新增】按钮，增加新的运输业务受理单，在该页面中按照运输通知单内容录入相应信息，如图4-1-5所示。

图4-1-5
填写订单
明细

图4-1-5 填写订单明细

对已录入完成并保存成功的运输订单，可发送审核并生成作业计划。在"运输订单"管理列表中，勾选待处理的运输订单，点击【发送审核】按钮发送审核，如图4-1-6所示。

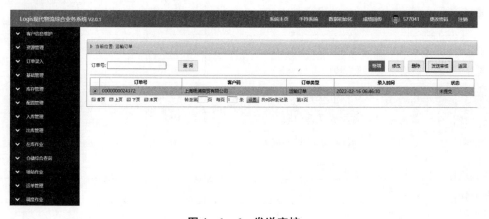

图4-1-6
发送审核

图4-1-6 发送审核

步骤二 订单审核

进入运输订单信息核对界面，核对订单信息，信息确认无误后，点击【确认审核】按钮生成作业计划。如果在审核订单时发现单据录入信息有误，可在当前页面编辑修改信息，如图4-1-7所示。

图4-1-7
确认审核

图 4 - 1 - 7　确认审核

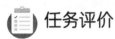 任务评价

班级			姓名		小组	
任务名称	业务受理					
考核内容		评价标准	参考分值（100）	学生自评	小组互评	教师评价	考核得分
职业素养情况	1	具有良好的沟通能力	5				
	2	具有信息收集能力	5				
	3	在任务实施过程中具有较强的总结能力	10				
知识掌握情况	4	掌握零担运输业务受理流程	10				
	5	掌握零担货物托运单的填写技巧	10				
	6	掌握受理托运申请的业务形式	10				
能力提升情况	7	能够进行零担货物运单录入	15				
	8	能够进行零担货物运输订单审核	15				
参与活动情况	9	积极参与任务实施	5				
	10	积极参与小组讨论	5				
	11	积极回答老师的提问	10				
小计							
合计 = 自评×20% + 互评×20% + 教师评×60%							

8

任务二　干线调度

任务目标

通过本任务的学习，可以达成以下目标：

(1) 能够了解运输调度考虑因素及原则
(2) 能够明确驾驶员调度的考虑因素
(3) 能够基于实际订单数据完成干线运输车辆调度
(4) 能够在物流综合业务系统中完成干线调度操作

任务发布

2021 年 7 月 1 日，新盛物流上海货运中心业务受理员通过传真接到了来自三个客户的多笔运输通知单。接到这些运输任务申请后，业务受理员立即将订单录入到运输系统中并完成业务受理工作。李某是新盛物流上海货运中心的调度员，现在需要李某对这多批订单进行车辆、班线及驾驶员调度安排。

请扫描右侧二维码，查看本任务的基础信息（新盛物流上海货运中心可供调度车辆、干线运输班线信息表、运输订单信息）。

本任务的基础信息

知识准备

一、运输调度及主要工作内容

运输调度是指车辆调度员负责与托运部门、港口码头、装卸货点的联系，组织安排运输，落实进出计划工作实施，负责车辆的调度和疏导，保证车辆运作有序，确保业务正常进行并对驾驶员出车前进行安全提示和对承运的货物、线路情况进行交底工作。

运输企业接到货运任务后，调度员就要着手任务与人员的指派、安排车辆前往装货，这就是调度。调度工作的主要内容就是根据运输任务，安排正确的车辆、正确的驾驶员和正确的路线。

1. 车辆调度

车辆调度的目的就是安排正确的车辆，何谓正确呢？运输企业可能有很多货车，当调度员接到一个货运任务时，究竟安排哪一种车型执行这次运输任务呢？主要应考虑以下几个方面。

（1）车辆品牌的选择。如东风、解放、五十铃等，在选择时，主要应考虑这些品牌车辆的质量水平和性能。比如，若是运往重庆的 10 吨货物，考虑到山路多、上坡多，可能安排解放牌货车比较适宜。因为解放牌货车动力性要比东风牌好，五十铃牌货车也不适宜于山路行使。当然，车辆品牌的考虑并不是主要的因素。

（2）车辆吨位的选择。运输企业的车辆可能有 3 吨、5 吨、10 吨等不同的限载，在选择时主要考虑本次运输任务的货量大小。需要注意的是，严禁车辆超载现象。

（3）车辆容积的选择。这主要与吨位结合起来考虑。在安排车辆时，要通过各种途径了解货物的实际情况，许多时候，重量没问题，但因货物体积大而装不下。这比较常见于一些轻泡货物，有包装的货物、不规则的货物，在这些情况下，车辆的容积利用率都不高。因此，在安排车辆时，容积是不能不考虑的因素。

（4）车辆货箱形式的选择。车辆货箱形式主要有平板车、低栏板车、高栏板车、篷布车、厢式车（普通厢、冷藏厢）。在安排车辆时，这也是必须要考虑的因素。如果是高附加值的纸箱包装货物，最好安排厢式车；但如果是机械设备类的货物，就不能安排厢式车了，应该安排平板车或低栏板车。另外，有防雨的需要时，应该安排厢式车。

（5）车况的选择。车况的好坏也是车辆安排时要重点考虑的因素。运输企业的车况肯定是有差异的。车况较好的车辆应该安排在长途运输、复杂道路、重要客户、重要货物上。相反地，对于那些短途运输、不是很重要的货物，安排车况相对差些的车辆，即使出现问题，影响也比较小，比较好解决问题。

（6）综合因素的考虑。在选择车辆时，除了要考虑上述五个方面的因素，还要综合考虑其他各方面因素，如当天的运输任务情况、车辆归队情况、天气情况、驾驶员和道路情况，等等。

2. 驾驶员安排

调度的另一项内容就是驾驶员安排。对于"人车定位"的运输企业来说，车辆安排好了，驾驶员也就安排好了。所以在安排车辆的时候，就要考虑驾驶员的情况。

请扫描右侧二维码，查看在安排驾驶员时主要考虑的因素。

在安排驾驶员时主要考虑的因素

3．线路安排

安排好车辆和驾驶员之后，就要进行路线的安排了。如果是市内的短途运输，线路选择比较简单，在此就不作介绍了。这里主要介绍长途运输的路线选择。

（1）只有一个装货点和一个卸货点的线路安排。这种情况比较多见，客户的货物指定了装卸点，运输企业调度只需要规定一下驾驶员走哪条道路就可以了。比如，是走国道，还是走高速公路。一般来说，在许多情况下，运输企业都不会强制规定走哪条路线，而由驾驶员自己选择。

（2）有一个装货点但有多个卸货点的路线选择。这种情况多见于大型生产企业，尤其是快速消费品生产企业的内部运输。在企业仓库装货，送往分布在全国各个城市的销售点（销售分公司、批发商、代理商、加盟店）。这种运输方式还有一个特点，就是同一天有很多要货单位，而且要货量都不是很大，需要几家的货物拼凑才能装满一辆货车。第三方物流公司的零担运输也是这种情况，这时候，调度起来相对比较复杂，因为不同的线路组合会有不同的效果，所带来的综合效益是不同的。

请扫描右侧二维码，查看案例——某运输企业车辆调度方案的制定。

某运输企业车辆调度方案的制定

二、车辆调度的原则

第一，按制度调度。坚持按制度办事，按车辆使用的范围和对象派车。

第二，科学合理调度。所谓科学调度，就是要掌握单位车辆使用的特点和规律。合理调度就是要按照现有车的行驶方向，选择最佳行车路线，不跑弯路和绕道行驶；在一条线路上重复派车；在一般情况下，车辆不能一次派完，要留备用车辆，以应急需。

第三，灵活机动。所谓灵活机动，就是对于制度没有明确规定而确定需要紧急用车的，要从实际出发，灵活机动，恰当处理，不能误时误事。

三、运输线路安排考虑的因素

第一，道路情况。首先应该考虑的是同一辆车上的货物是不是同一个方向，顺不顺路。这点是最关键的。其次应该考虑道路的具体通行情况，如高速公路是否封闭修路等。这要求调度人员对道路情况非常熟悉。

第二，车辆装载情况。车辆不能超载太多，也不能装载太少。例如，一辆载货量8吨的车，如果是长途运输，至少要装载6吨以上。

第三，卸货点之间的距离。如果同一辆车上装载多个地点的货物，尤其是这些地点相距比较远时，要考虑前面的卸货点卸货后，车辆上还有多少货物。如果大多数的货物都在前面卸货点卸完了，后面的长距离运输便只有少量货物，那么车辆的吨位利用率会很差。比如上述案例中第一种方案的第一车，效果就不如第二种方案的第一车。

第四，每个卸货点的卸货时间。卸货速度慢的地方，尽量放在后面到达，否则它会影响其他点的到货时间。比如，假设天津的卸货速度很慢，那么上述案例中第二种方案就不如第一种方案好。

第五，具体的到货时间。有的卸货点可能在市中心，是禁区，白天不能通行，只有晚上才能卸货。这时，就要考虑具体的到货时间。在安排时，尽量避开白天到达该点。

第六，天气条件。进行线路安排时要考虑天气条件，如是否下雪、下雾、冰冷等。

第七，车辆、驾驶员、线路等情况的综合考虑。进行线路安排时，还要考虑车辆、驾驶员情况，如车辆性能是否适合到北方寒冷地区。

四、运输调度的工作要求

1. 车辆调度的总体要求

各级调度应在上级领导下进行运力和运量的平衡，合理安排运输，直接组织车辆运行并随时进行监督和检查，保证月度生产计划的实现。

（1）根据运输任务和运输生产计划编制车辆运行作业计划，并通过作业运行计划组织企业内部的各个生产环节，使其形成一个有机的整体，进行有计划的生产，最大限度地发挥汽车运输潜力。

（2）掌握货物流量、流向、季节性变化，全面细致地安排运输生产，及时反映运输工作中存在的主要问题，并向有关部门提出要求，采取措施，保证运输计划的完成。

（3）加强现场管理和运行车辆的调度指挥，根据调运情况，合理组织运输，不断研究和改进运输调度工作，以最少的人力、物力完成最多的运输任务。

（4）认真贯彻汽车预防保养制度，保证运行车辆能按时调回进行保养，严禁超载，维护车辆技术状况完好。

2. 车辆调度人员的责任

为了做好各项工作，一般调度部门设置计划调度员、值班调度员、综合调度员和调度长。

（1）计划调度员的责任。①编制、审核车辆平衡方案和车辆运行作业计划，并在工作中贯彻执行，检查总结；②掌握运输计划及重点物资完成情况，及时进行分析研究，提出措施和意见。

（2）值班调度员的责任。①正确执行车辆运行计划，发布调度命令，及时处理日常生产中发生的问题，保证上下级调度机构之间的联系；②随时了解运输计划和重点任务完成进度，听取各方面反映，做好调度记录，发现有关情况及时向领导汇报；③随时掌握车况、货况、路况，加强与有关单位的联系，保证单位内外协作；④签发行车路单，详细交代任务和注意事项；⑤做好车辆动态登记工作，收集行车路单及有关业务单据。

（3）综合调度员的责任。①及时统计运力及其分布、增减情况和运行效率指标；②统计安全运输情况；③统计运输生产计划和重点运输完成进度；④统计车辆运行作业计划的完成情况及保养对号率；⑤及时绘制有关资料的汇总和保管。

（4）调度长的责任。全面领导和安排工作，在调度工作中正确地贯彻执行有关政策法令，充分地调动全组人员的积极性，确保运输任务的完成。

请扫描右侧二维码，查看案例——某单位调度员的工作内容及责任。

某单位调度员的
工作内容及责任

3．调度工作的"三熟悉、三掌握、两了解"

调度人员通过调查研究，对客观情况必须做到"三熟悉、三掌握、两了解"。

（1）三熟悉。①熟悉各种车辆的一般技术性能和技术状况、车型、技种、吨位容积、车身高度、自重、使用性能、拖挂能力、技术设备、修保计划、自编号与牌照号，驾驶员姓名；②熟悉汽车运输的各项规章制度、安全工作条例、交通规则、监理制度的基本内容；③熟悉营运指标完成情况。

（2）三掌握。①掌握运输路线、站点分布、装卸现场的条件及能力等情况，并加强与有关部门的联系；②掌握货物流量、流向、货种性能、包装规定，不断地分析研究货源物资的分布情况，并能加强有关部门的联系；③掌握天气变化情况。

（3）两了解。①了解驾驶员技术水平和思想情况、个性、特长、主要爱好、身体健康情况、家庭情况等；②了解各种营运单据的处理程序。

任务实施

步骤一　汇总运输订单

新盛物流上海货运中心调度员在进行干线调度之前，首先要汇总所有的订单量、不同区域的订单总量。调度员利用数据透视表，汇总出发货地上海到重庆、济南、武汉的货物总重量和总体积。

表4－2－1　初始数据汇总

行标签	求和项：重量（吨）	求和项：体积（立方米）
重庆	19.2	30
济南	27.9	61
武汉	15.4	35

结合业务受理公司接收到的运输订单，分别是上海—重庆的货物总重为0.036吨，体积为1.16立方米；上海—济南的货物总重为0.1吨，体积为1.02立方米。综合上述的两部分数据，可以得出上海分别到各个城市的货物重量及体积如表4－2－2所示。

表4－2－2　干线调度数据汇总

始发站	目的站	总重量（吨）	总体积（立方米）
上海	重庆	19.236	31.16
上海	济南	28	62.02
上海	武汉	15.4	35

首先，我们需要明确新盛物流上海货运中心可供调度的干线运输车辆主要有以下几种：

表4－2－3　新盛物流上海货运中心可供调度车辆

车牌号	车长	载重（吨）	容积（立方米）	司机	经常行驶区域	百公里油耗（升）
沪A307××	9.6米	25	60	张×亮	重庆、四川	27
沪A857××	9.6米	25	60	王×恒	徐州、济南	27
沪AB00××	12.5米	30	80	陈×	大同、临沂	40
沪AH50××	17.5米	35	110	张×生	济南、青岛	57
沪A320××	17.5米	51	110	李×春	武汉、广州	58
沪A3R5××	9.6米	20	60	高×博	武汉	27

步骤二 车辆及驾驶员调度安排

上海—重庆的干线调度结果：车辆沪 A307××，驾驶员选择张×亮。
上海—济南的干线调度结果：车辆沪 AH50××，驾驶员选择张×生。
上海—武汉的干线调度结果：车辆沪 A3R5××，驾驶员选择高×博。

步骤三 干线调度实施

以上海—重庆的货物干线调度为例：
（1）进入系统，在运输管理界面点击【干线调度】，进入调度操作界面。

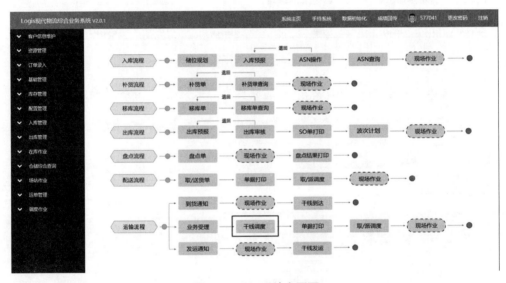

图 4-2-1 系统主页面

图4-2-1
系统主页面

（2）选择运输路由为"上海—重庆"，点击【确定】。

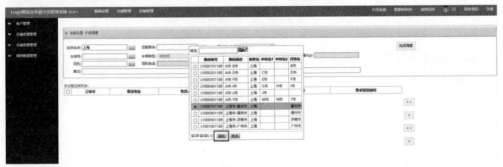

图 4-2-2 选择运输路由

图4-2-2
选择运输
路由

（3）选择预计发车时间为"2021 年 7 月 1 日 18：00"，点击【确定】。

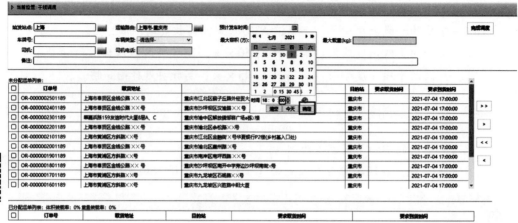

图 4－2－3　预计发车时间输入

（4）选择车辆为"沪 A307××"，驾驶员为"张×亮"，点击【确定】。

图 4－2－4　车辆选择

（5）操作界面中出现未分配订单列表，选中全部订单，点击向右的箭头操作，完成订单调度操作。

（6）选中分配订单列表，点击【完成调度】。

图 4 - 2 - 5 完成调度

图4-2-5
完成调度

此时，上海—重庆路线的干线调度操作完成。

完成上海—重庆的干线调度之后，按照同样的操作步骤完成其他路线的干线调度操作。

任务评价

班级			姓名		小组			
任务名称		干线调度						

考核内容		评价标准	参考分值（100）	学生自评	小组互评	教师评价	考核得分
职业素养情况	1	具有良好的沟通能力	5				
	2	具有信息收集能力	5				
	3	在任务实施过程中具有较强的总结能力	10				
知识掌握情况	4	掌握运输调度的主要工作内容	10				
	5	掌握车辆调度的原则	5				
	6	掌握运输线路安排考虑的因素	5				
	7	了解运输调度的工作要求	10				
能力提升情况	8	能够汇总运输订单信息	10				
	9	能够进行车辆及驾驶员调度安排	10				
	10	能够完成干线调度实施作业	10				
参与活动情况	11	积极参与任务实施	5				
	12	积极参与小组讨论	5				
	13	积极回答老师的提问	10				
小计							
合计 = 自评×20% + 互评×20% + 教师评×60%							

任务三 取/派调度

任务目标

通过本任务的学习，可以达成以下目标：

(1) 掌握取货作业的概念

(2) 掌握取货调度的作业流程

(3) 在物流综合业务系统中完成取/派调度操作

任务发布

万盛物流的客服人员接到了北京迅捷科技有限公司通过 E-mail 发送过来的运输通知单，要求从北京发送一批设备到上海，该客户与万盛物流签订的运输合同要求运费月结，请根据送货或运输要求，完成取/派调度作业。具体运输通知单如表 4-3-1 所示。

表 4-3-1 运输通知单

客户指令号	—			托运客户	北京迅捷科技有限公司		
始发站	北京			目的站	上海		
托运人	赵×满			取货地址	北京四元桥兆维大厦		
联系方式	137×××6502			取货时间	2021-11-09		
收货人	陈×			收货地址	上海黄兴路×号		
联系方式	138×××6511			收货时间	2021-11-11		
货品条码	货品名称	单位	包装规格（mm）	总体积（m³）	总重量（kg）	数量	备注
6925303721395	RFID 接收设备	箱	—	40	800	50	

表 4-3-2 万盛物流取派调度运力情况

车牌号	司机	总容积（m³）	总载重（kg）	备注
京 HA30××	孔×河	4	2	空闲
京 G266××	程×国	27	2000	空闲
京 AA67××	金×	80	3000	空闲

📚 知识准备

一、取货作业概述

取货作业是现代物流企业运输作业中比较常见的作业环节，属于集货作业的一部分，但其强调的是根据运输计划将一批或多批货物合理取回的过程，往往是在一定的区域内进行，比如城区范围。和配送一样，取货也涉及运输线路的优化和合理配载问题。

更重要的是，取货涉及取货方与发货方之间权利与义务的划分，因此取货过程中货物和单据的交接是很重要的，取货往往蕴含双方合同或契约的关系，所以取货时经客户签字确认的运单便具有契约的效用。

二、取货调度作业步骤

1. 接收取货指令并安排车辆、人员

（1）分析运单信息。执行调度接收到计划调度传递来的运单后，应分区域、按线路对运单进行分析，分析结果形成运单信息分析表，作为配车和进一步编制《取货调度单》的依据。

（2）安排取货车辆和人员。根据运单信息分析的结果，执行调度着手安排取派运力（车辆、司机）和货运员，配车的原则一般是"标重配合货重""容积配合体积"，即车辆的核准载重与货物的总重相匹配，车辆的容积与货物的总体积相匹配。取派运力的来源包括本公司自有和分供方提供两种。取派运力信息可以从 TMS 上查到，取货货运员为本公司员工。

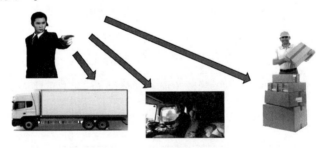

图 4-3-1 安排取货车辆和人员

2. 准备取货单据并处理业务操作系统

（1）编制取货调度单。根据运单信息、取货车辆和人员信息，在 TMS 的调度模块中选择"待取派"子模块，处理步骤如图 4-3-2 所示。

新增取派调度单
确定预计发车时间、运力编号、车牌号、司机、货运员信息、点击“保存”
绑定待取运单
提交（若使用分供方运力，需输入“取派费用”）

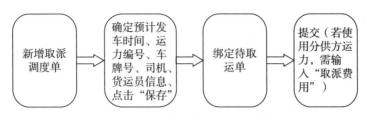

图4－3－2　编制取货调度单的流程

(2) 打印《取（派）通知单》。《取（派）通知单》的主要作用是取货人员取货的依据。由执行调度传递给取货人员，一般分为调度联、提/送货联和统计联。

(3) 执行调度打印“货品标签”。货品标签的作用：取货时在每件货品上扣贴，用以标识不同运单的货品。

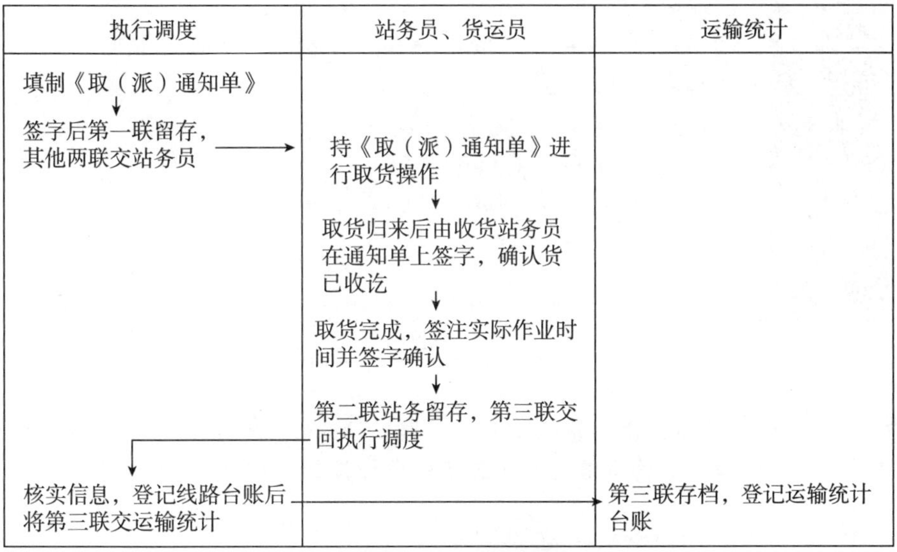

执行调度
站务员、货运员
运输统计
填制《取（派）通知单》
签字后第一联留存，其他两联交站务员
持《取（派）通知单》进行取货操作
取货归来后由收货站务员在通知单上签字，确认货已收讫
取货完成，签注实际作业时间并签字确认
第二联站务留存，第三联交回执行调度
核实信息，登记线路台账后将第三联交运输统计
第三联存档，登记运输统计台账

图4－3－3　单据流转

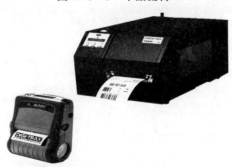

图4－3－4　打印“货品标签”

(4) 提交取货单证。执行调度将《取（派）通知单》、运单、货品标签提交到场站，进行取货作业。

任务实施

步骤一　新增取派调度单

取/派调度的主要任务就是确认需要进行取/派作业的运单的具体作业顺序、作业时间、作业车辆、相关人员信息。在系统主页面选择【取/派调度】,进入调度页面。

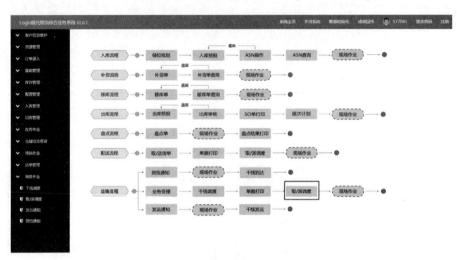

图 4 – 3 – 5　系统主页面——取/派调度

进入到取/派调度操作界面后,点击【新增取/派调度单】,此时取/派车辆信息变成可编辑状态,根据要求填写信息并点击【保存】按钮进行提交。

图4-3-5
系统主页
面——取/
派调度

图4-3-6
新增取/派
调度单

图 4 – 3 – 6　新增取/派调度单

　　调度员需要确定目前在场站中有哪些空闲的取派运力，需要安排哪个司机、送货员一同到客户处取货，然后填写"预计发车时间"，在【运力编号】选择一条空闲的取派运力，本任务中可以选择自有运力（车牌号：京AA67××）作为取派作业的车辆。

图4-3-7　调度单明细

　　取/派调度信息保存完成后，取/派调度列表中会显示新增的计划信息，即代表取/派调度信息新增完成。

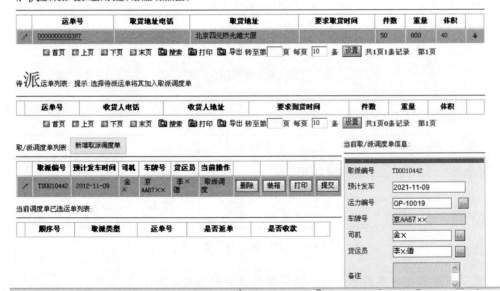

图4-3-8　取/派调度单

图4-3-8
取/派调度单

步骤二 取派调度

点选待取运单，点击右侧的绿色箭头，将该条待取运单与调度单建立关联关系，即将取货任务安排给取派调度单中列明的司机、送货员和车辆。此时系统中会新增一条调度单。

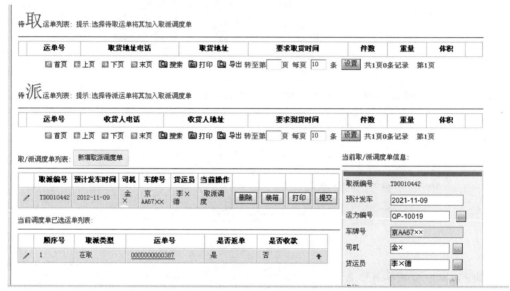

图4-3-9 当前调度单列表

图 4-3-9 当前调度单列表

选中需要的取派调度单，点击后面的【提交】，将该条取派信息提交到场站，由场站对出站取货的车辆进行安排和管理。

调度员点击【打印】按钮，打印当前的取（派）通知单。

取（派）通知单

单号	TD0010442			操作站			
资源	车辆		辆	车型			
	操作员		人	预计操作时间			小时
总数量		50.0件	总重量	800.0kg	总体积		40.0M³

客户信息							
运单号	顺序号	托运人地址	托运人电话	托运人姓名	取派类型	是否返单	是否收款
0000000000387	1	北京四元桥兆维大厦	010-×××5025	赵×满	在取	是	否

货品信息					
运单号	货品名称	件数（件）	重量（kg）	体积（M3）	备注
0000000000387	RFID设备	50	800	40	
填表人：			填表时间：		年 月 日

图 4-3-10 取（派）通知单

调度员将打印出来的取（派）通知单移交给司机和送货员。

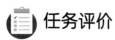 **任务评价**

班级			姓名		小组		
任务名称		取/派调度					
考核内容		评价标准	参考分值（100）	学生自评	小组互评	教师评价	考核得分
职业素养情况	1	具有良好的沟通能力	5				
	2	具有信息收集能力	5				
	3	在任务实施过程中具有较强的总结能力	10				
知识掌握情况	4	掌握取货作业的概念	15				
	5	掌握取货调度作业的工作流程	15				
能力提升情况	6	能够进行取派调度的系统操作	15				
	7	能够完成取派调度单的打印	15				
参与活动情况	8	积极参与任务实施	5				
	9	积极参与小组讨论	5				
	10	积极回答老师的提问	10				
小计							
合计 = 自评×20% + 互评×20% + 教师评×60%							

任务四　取/派出站

任务目标

通过本任务的学习，可以达成以下目标：

(1) 掌握取/派出站的基本流程

(2) 能够在现代物流综合业务系统中完成取/派出站业务操作

任务发布

万盛物流的客服人员接到了北京迅捷科技有限公司通过 E-mail 发送过来的运输通知单，要求从北京发送一批设备到上海，该客户与万盛物流签订的运输合同要求运费月结。具体运输通知单如表 4-4-1 所示。

表 4-4-1　运输通知单

客户指令号		—		托运客户	北京迅捷科技有限公司		
始发站		北京		目的站	上海		
托运人		赵×满		取货地址	北京四元桥兆维大厦		
联系方式		137××××6502		取货时间	2021-11-09		
收货人		陈×		收货地址	上海黄兴路×号		
联系方式		138××××6511		收货时间	2021-11-11		
货品条码	货品名称	单位	包装规格（mm）	总体积（m³）	总重量（kg）	数量	备注
6925303721395	RFID 接收设备	箱	—	40	800	50	

目前，万盛物流需要针对这批货物进行取派作业，且调度作业人员已经完成了对该批运输订单的取/派调度，并将取（派）通知单发送给了场站操作员，场站操作员需要根据取派通知单进行取/派出站工作。

取（派）通知单

单号	TD0010442			操作站					
资源	车辆		辆	车型					
	操作员		人	预计操作时间			小时		
总数量	50.0件	总重量	800.0kg	总体积		40.0M³			

客户信息

运单号	顺序号	托运人地址	托运人电话	托运人姓名	取派类型	是否返单	是否收款
0000000000387	1	北京四元桥兆维大厦	010-××××5025	赵×满	在取	是	否

货品信息

运单号	货品名称	件数(件)	重量(kg)	体积(M3)	备注
0000000000387	RFID设备	50	800	40	
填表人：			填表时间：	年　　月　　日	

图 4 - 4 - 1　取（派）通知单

知识准备

取/派货司机接到调度员发送过来的取（派）通知单，检查携带的相关设备，包括手持终端、便携式条码打印机、皮尺、电子秤。

手持终端：用于取/派货司机进行数据采集与传输，通过扫描货物条码的方式，将运单信息直接传输至后台服务器，同时可实现相关业务信息的查询、录入等功能。

便携式条码打印机：用于取/派司机进行货物条码标签的打印。

图 4 - 4 - 2　手持终端　　　　　　　图 4 - 4 - 3　便携式条码打印机

皮尺：用于取/派司机测量货物的尺寸，以便计算货物体积。

电子秤：用于取/派司机测量货物的重量。

图 4 - 4 - 4　皮尺　　　　　　　　图 4 - 4 - 5　电子秤

任务实施

步骤一　取派准备操作

取/派货司机接到调度员发送过来的取派通知单，检查携带的相关设备，包括手持终端、便携式条码打印机、皮尺、电子秤。

场站操作员接到取派通知后，根据取派通知单的作业要求，将待排货物搬运至发货月台，将其平整地摆放在月台上，等待下一步处理。

步骤二　取派出站

在现代物流综合作业系统页面的顶部点击【手持系统】按钮，进入运输手持端操作。

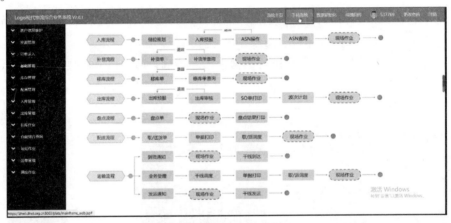

图4-4-6　进入运输手持系统

在运输手持系统的界面点击【运输作业】—【取/派出站】，选中待处理信息进行扫描操作。

图4-4-7 运输手持系统

图4-4-8 运单扫描

图 4-4-7　运输手持系统

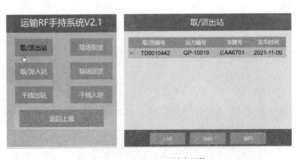

图 4-4-8　运单扫描

选中取/派单号，点击【扫描】按钮，进入扫描操作界面，扫描待派货物的运单号（此处需在运输手持系统中输入运单号并按回车键确认信息；本模块在实际操作中需扫描相应条码)。货物扫描确认后,系统会自动识别该笔货物所在的运单信息,并在"检测件数"处显示相应的数量信息,完成信息扫描后点击【确认】,继续完成其余单据的扫描操作。

待所有货物全部扫描完成,待检测件数与总件数相符,选中待派订单信息,点击【出站】按钮,完成出站扫描操作。

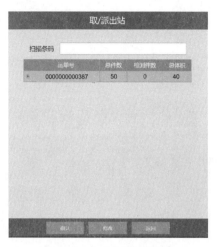

图4-4-9 运单扫描确认

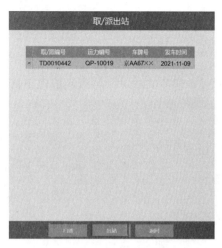

图4-4-10 出站

图4-4-9
运单扫描
确认

图4-4-10
出站

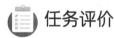

任务评价

班级		姓名		小组		
任务名称	取/派出站					
考核内容		评价标准	参考分值(100)	学生自评	小组互评	教师评价	考核得分
职业素养情况	1	具有良好的沟通能力	5				
	2	具有信息收集能力	5				
	3	在任务实施过程中具有较强的总结能力	10				
知识掌握情况	4	掌握零担运输取派出站的准备工具	15				
	5	掌握零担货物取派出站的操作过程	15				
能力提升情况	6	能够完成取派准备	15				
	7	能够完成取派出站操作	15				
参与活动情况	8	积极参与任务实施	5				
	9	积极参与小组讨论	5				
	10	积极回答老师的提问	10				
小计							
合计 = 自评×20% + 互评×20% + 教师评×60%							

任务五　现场取/派货

任务目标

通过本任务的学习，可以达成以下目标：

(1) 掌握现场取货作业的基本流程
(2) 掌握现场派货作业的基本流程
(3) 能够利用现代物流综合业务系统正确完成现场取/派货

任务发布

万盛物流的客服人员接到了北京迅捷科技有限公司通过 E-mail 发送过来的运输通知单，要求从北京发送一批设备到上海分公司，该客户与万盛物流签订的运输合同要求运费月结。具体运输通知单如表 4 - 5 - 1 所示。

表 4 - 5 - 1　运输通知单

客户指令号	—		托运客户	北京迅捷科技有限公司			
始发站	北京		目的站	上海			
托运人	赵×满		取货地址	北京四元桥兆维大厦			
联系方式	137××××6502		取货时间	2021 - 11 - 09			
收货人	陈×		收货地址	上海黄兴路×号			
联系方式	138××××6511		收货时间	2021 - 11 - 11			
货品条码	货品名称	单位	包装规格（mm）	总体积（m³）	总重量（kg）	数量	备注
6925303721395	RFID 接收设备	箱	—	40	800	50	

目前，万盛物流需要针对这批货物进行取派作业，2021 年 11 月 9 日，取/派货司机根据取派通知单的具体要求，到达客户处取货。

请模拟取/派货司机完成现场取货作业任务。取/派货司机在规定时间内到达客户处后，使用标准服务用语，主动表明身份，说明来访目的。

(1) 取/派货司机根据取（派）通知单标明的货物信息，与客户核实货物的品名和数量。

（2）取/派货司机检查客户托运货物的包装是否有破损、潮湿等不利于货物运输的情况，检查并确定货物的包装是否满足快件包装要求，若满足，则不需要另行更换包装；否则，重新包装。运用操作系统完成货物的取货作业。

取（派）通知单

单号	TD0010442			操作站			
资源	车辆		辆	车型			
	操作员		人	预计操作时间			小时
总数量		50.0件	总重量		800.0kg	总体积	40.0m³

客户信息							
运单号	顺序号	托运人地址	托运人电话	托运人姓名	取派类型	是否返单	是否收款
0000000000387	1	北京四元桥兆维大厦	010-××××5025	赵×满	在取	是	否

货品信息					
运单号	货品名称	件数（件）	重量（kg）	体积（m³）	备注
0000000000387	RFID设备	50	800	40	
填表人：			填表时间：	年　　月　　日	

图 4 - 5 - 1　取（派）通知单

（3）当该订单到达上海货运站后，操作员同样需将该货物进行派货作业，请运用操作系统完成货物的派货作业。

📖 知识准备

一、取货交接流程

取/派货司机到达客户提供的取货地址并与客户进行货物交接，验视货物时需要跟客户核对的内容包括：①检查托寄物品的品名、数量等内容与客户所提供的信息是否一致；②检查托寄物品的包装是否符合要求；③检查托寄物品是否需要保价。

具体的取货交接操作流程如图 4 - 5 - 2 所示。

图 4 - 5 - 2　取货交接操作流程

二、取货作业准备

1. 准备业务单据

取/派货司机准备需要携带的相关单据，包括取（派）通知单、空白运单、价目表。

取（派）通知单：用于记录货运中心派车的相关信息以及客户约定的托运任务相关信息。取/派货司机按照此单据信息执行相关取派任务，示例见图 4-5-3。

取（派）通知单

单号		TD0011121		操作站		北京		
资源	车辆	京 B539××		车型		东风		
	司机	郭×峰		预计发车时间		2013-10-23 09：00：00		
总数量		9.0件	总重量		39.0kg	总体积		0.291m³

客户信息

订单/运单号	顺序号	地址	电话	姓名	取派类型	是否返单	是否收款
LS00000000099	1	北京市海淀区紫竹院路××号	010-××××6523	王×远	在取	否	否
LS00000000101	2	北京市海淀区大钟寺路××号	010-××××5676	赵×	在取	否	否

货物信息

订单/运单号	货物名称	件数	重量	体积	备注
LS00000000099	文件夹	5	25	0.174	
LS00000000101	康师傅方便面	4	14	0.117	
制单人	×××	制单时间	2013-10-23	司机签字	

图 4-5-3 取（派）通知单

空白运单：用于记录货物原始收寄信息及服务约定的单据，如果缺少运单，就无法跟踪到收寄信息。同时，货物运单也相当于运输合同。

价目表：用于取/派货司机根据货物的具体情况，查询对应的价目，填写运单上的"费用"栏。价目表是与客户结算运费的依据，示例见图 4-5-4。

2. 检查取货辅助工具

取/派货司机准备好需要携带的相关设备，包括手持终端、便携式条码打印机、皮尺、电子秤，保证所有装备齐全、性能良好。其中，手持终端需要采用跨带携带，便携式条码打印机需要采用腰带携带。

请扫描右侧二维码，了解检查取货辅助工具。

检查取货辅助工具

运费价目表

名称	最低运费	重货（元/kg）	轻货（元/m³）	运行时间
北京	40 元/票	0.6	126	1-2
广州	50 元/票	1.85	389	4-5
上海	50 元/票	1.3	273	3-4
石家庄	40 元/票	0.6	126	2-3
郑州	50 元/票	1.2	252	3-4
西安	50 元/票	1.75	368	3-4
成都	50 元/票	1.7	357	4-5
哈尔滨	50 元/票	1.1	231	3-4
乌鲁木齐	50 元/票	2.2	462	6-7

注：1. 货物的总重量（kg）和总体积（m³）的比值大于或等于 210 为重货，按重量计费；若比值低于 210 为轻货，按体积计费。

2. 若托运人主动上门发货，重货价格降低 0.1 元/千克，轻货价格降低 21 元/立方米，各运输类型最低一票降低 20 元/票。

3. 保价费率为声明价值的 0.5%，最低收费 5 元/票。

图 4 - 5 - 4　运费价目表示例

三、托运货物检查

取/派货司机在规定时间内到达客户处，应当使用标准服务用语，主动表明身份并说明来访目的。例如："您好，我是长风物流的取/派货司机郭×峰，我是过来收取您托运的货物的。"

取/派货司机来到客户处进行具体的取货作业，客户将待取货物交给取/派货司机后，取/派货司机需要检查待取货物的基本情况。

1. 核实托运货物的品名和数量

取/派货司机根据取（派）通知单标明的货物信息，与客户核实货物的品名和数量，得知客户本次须托运的货物为 5 箱文件夹，与客户描述的信息一致。

2. 检查托寄物品的包装是否符合要求

取/派货司机检查客户托运货物的包装是否

图 4 - 5 - 5　托寄物包装检查

有破损、潮湿等不利于货物运输的情况，经检查确定货物的包装满足货物包装的要求，不需要另行更换包装。

3. 核实货物是否需要保价

取/派货司机经询问得知客户托寄的货物价值 2500 元，需跟客户核实是否需要保价托运。如果客户执意不保价，取/派货司机须向客户说明如果货物出现意外，公司将按照运单背书标准赔偿，并请客户在运单上签字。

请扫描右侧二维码，了解未保价货物运输途中灭失损失
赔偿案。

未保价货物运输途中
灭失损失赔偿案

四、进行取/派出站操作

取/派货司机使用手持终端进行取/派出站操作，点击【取/派出站】按钮，进入
取/派出站操作界面。

 任务实施

步骤一　现场取货

在现代物流综合作业系统页面的顶部点击【手持系统】按钮，进入运输手持
系统。

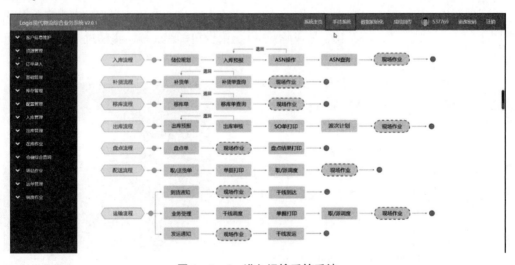

图4-5-6
进入运输
手持系统

图 4 - 5 - 6　进入运输手持系统

在运输手持系统页面点击【运输作业】—【现场取货】按钮。
进入页面后，选中待处理信息，点击【取货】按钮，进行取货作业操作。

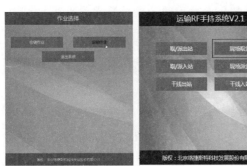

图4－5－7　运输手持系统　　　　图4－5－8　取货

图4-5-7
运输手持
系统

图4-5-8
取货

　　选中一条待取的运单信息，点击【取货】按钮进入取货界面后，使用手持扫描运单号或手动输入运单号，查看无误之后，进行签单确认，并继续完成其余运单的扫描操作。

图4－5－9　取货扫描　　　　图4－5－10　取货确认

图4-5-9
取货扫描

图4-5-10
取货确认

步骤二　现场派货

　　在现代物流综合作业系统页面的顶部点击【手持系统】按钮，进入运输手持系统。

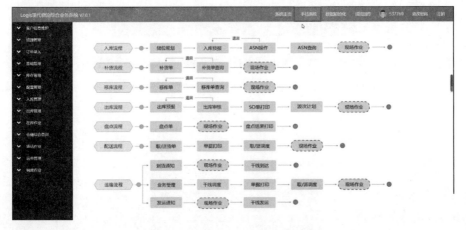

图4－5－11　进入运输手持系统

图4-5-11
进入运输
手持系统

在运输手持系统页面点击【现场派货】按钮，进入现场派货作业页面。

选择一条待派的运单点击【派货】按钮，进入派货页面。

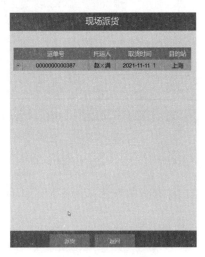

图4-5-12 运输手持系统

图4-5-13 派货

在"派货确认"页面录入运单号（订单号见图4-5-13）、选择签收类型，若正常签收，点击【签收】按钮完成操作；若异常签收，需要点击【异常签收】按钮，运输手持系统会将异常信息反馈给调度中心进行异常信息处理。

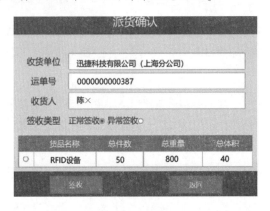

图4-5-14 派货确认

 **任务评价**

班级			姓名			小组		
任务名称		现场取/派货						

考核内容		评价标准	参考分值（100）	学生自评	小组互评	教师评价	考核得分
职业素养情况	1	具有良好的沟通能力	5				
	2	具有信息收集能力	5				
	3	在任务实施过程中具有较强的总结能力	10				
知识掌握情况	4	了解取货交接的流程	10				
	5	掌握取货作业的准备内容	10				
	6	了解托运货物检查的内容	10				
能力提升情况	7	能够完成现场取货作业	15				
	8	能够完成现场派货作业	15				
参与活动情况	9	积极参与任务实施	5				
	10	积极参与小组讨论	5				
	11	积极回答老师的提问	10				
小计							
合计 = 自评×20% + 互评×20% + 教师评×60%							

任务六 取/派入站

任务目标

通过本任务的学习，可以达成以下目标：

(1) 能够掌握入站交接的工作流程
(2) 运用物流综合作业系统完成取/派入站操作

任务发布

万盛物流的客服人员接到了北京迅捷科技有限公司通过 E-mail 发送过来的运输通知单，要求从北京发送一批设备到上海分公司，取/派货司机完成取货作业任务后返回场站，将取回的货物放置在收货月台，与场站操作员交接随身带回的取派单据、运单。场站操作员核对单据信息与货物情况，利用手持终端进行入站确认扫描，核对信息无误后，打开输送线将货物搬运上输送线进行入站集货分拣。

取（派）通知单

单号	TD0010442			操作站			
资源	车辆		辆	车型			
	操作员		人	预计操作时间			小时
总数量		50.0件	总重量		800.0kg	总体积	40.0 m³

客户信息

运单号	顺序号	托运人地址	托运人电话	托运人姓名	取派类型	是否返单	是否收款
0000000000387	1	北京四元桥兆维大厦	010-××××5025	赵×满	在取	是	否

货品信息

运单号	货品名称	件数(件)	重量(kg)	体积（m³）	备注
0000000000387	RFID设备	50	800	40	
填表人：			填表时间：	年	月 日

图 4-6-1 取（派）通知单

请模拟场站操作员进行入站集货操作。

知识准备

一、入站交接

1. 车辆到达

取/派货司机取货完成后返回货运中心，现场操作员指挥取/派货司机将车辆停靠在指定的交接场地，同时注意车辆和人身安全。

2. 货物卸载

（1）卸车前准备。取/派货司机和现场操作员在卸车前应做好工作准备，把防护用品佩戴齐全，避免卸车时身体受到伤害。

（2）货物卸载。卸载货物时应注意以下几点：

1）车辆停稳后才能开始作业，不要一拥而上；进出车厢注意扶扶手，避免摔倒。

2）要遵循先上后下、先外后里、按单点货的原则。

3）戴好防护手套、防护腰带，穿好防滑鞋，以免损伤身体。

4）卸载体积大、重量沉的货物时，应双人或多人协作及使用托盘、叉车等卸载工具。

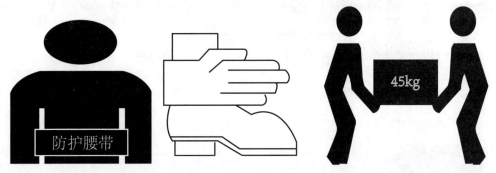

图 4-6-2　做好防护　　　　　　　　　　图 4-6-3　双人协作

5）如果卸载货物有破损并渗透出不明物品，必须使用专用防护用具、用品进行隔离，切忌用身体直接接触或用鼻子闻。

6）作业过程中可以使用装卸设备协助操作，不得有扔、抛的现象，不允许摔、坐、踩、踢、压货物，同时须保证运单和标签一律朝外，方便入库扫描人员扫描。

7）如果堆码在装卸设备上，要注意控制码放时的重量、宽度和高度，不得超过设备材质和承载的限定要求，堆码宽度应小于底板尺寸，以免发生货物倒塌伤人和损坏物品的现象。

图 4-6-4　切忌用鼻子闻

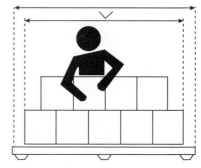

图 4-6-5　堆码

8）使用托盘、拖车时要注意分清头尾，不得反向操作，拉运货物时应专心，不要东张西望。

9）卸载使用的机械或工具严禁载人。

图 4-6-6　不得反向操作

图 4-6-7　严禁载人

想一想

　　不知你是否看到过超市早上收货的过程，一般来说，超市人员在收货时需要与送货员根据送货单逐项核对货物品名、数量，同时还需要检查是否存在破损。同样，场站操作人员与取/派货司机进行货物交接时，也需要对货物进行检查。结合你的生活实际，想一想现场操作员都需要核对哪些内容呢？

　　扫描右侧二维码查看参考答案。

想一想参考答案

二、进站集货

对于扫描确认无误可以正常接收入站的货物，通常采用两种分拣方式进行分拣集货。对于整托大批量货物，通常使用叉车或者手动液压搬运车直接搬运至货物暂存区。

对于零散货物，通常由现场操作员搬运上输送线，由其他负责分拣作业的现场操作员进行货物的入站分拣作业。

图 4 - 6 - 8　进站集货

 任务实施

在现代物流综合作业系统页面的顶部点击【运输手持】按钮，进入运输手持系统。

图 4 - 6 - 9　进入运输手持系统

进入运输手持系统后，点击【取/派入站】按钮，进入"取/派入站"页面。

在"取/派入站"页面，选中一条待处理的运单信息，点击【扫描】，进行运单的扫描作业。

图 4 - 6 - 10　运输手持系统

图 4 - 6 - 11　运单扫描

图4-6-10
运输手持
系统

图4-6-11
运单扫描

选中待入站的订单信息，点击【扫描】按钮后，进入扫描确认操作界面，扫描货品条码信息（需手动输入运单号信息并按回车键确认，在实际操作中，本模块需扫描实际单据信息），每扫描一件货物，在"检测件数"下会显示对应的数量信息，确认无误后，点击【确认】按钮，进行其余运单的扫描作业。

待货物全部扫描完成后，返回至上一页面，点击【入站】按钮，完成入站扫描操作。

图4-6-12
运单扫描
确认

图4-6-13
入站

图 4-6-12　运单扫描确认

图 4-6-13　入站

 任务评价

班级			姓名			小组	
任务名称		取/派入站					
考核内容		评价标准	参考分值（100）	学生自评	小组互评	教师评价	考核得分
职业素养情况	1	具有良好的沟通能力	5				
	2	具有信息收集能力	5				
	3	在任务实施过程中具有较强的总结能力	10				
知识掌握情况	4	了解取货交接的流程	10				
	5	掌握取货作业的准备内容	10				
	6	了解托运货物检查的内容	10				
能力提升情况	7	能够完成现场取货作业	15				
	8	能够完成现场派货作业	15				
参与活动情况	9	积极参与任务实施	5				
	10	积极参与小组讨论	5				
	11	积极回答老师的提问	10				
小计							
合计＝自评×20％＋互评×20％＋教师评×60％							

任务七　干线发运

◎ 任务目标

通过本任务的学习，可以达成以下目标：

(1) 能够根据货物情况进行装车前的准备工作

(2) 能够在装车前对车辆进行检查并根据实际情况完成车辆配载

(3) 能够掌握干线发运作业的流程，使用现代物流综合业务系统完成干线发运作业

▣ 任务发布

华源集团上海物流中心运输部调度员接到场站的发运通知后，确认信息并打印公路运输交接单，交予场站操作员用于装车发运。场站操作员接到发运通知后，根据交接单的指示，将上海—武汉一广州沿途的所有货物从容器内提取至发车区，利用手持终端核对待发运货物的信息，信息确认无误后，进行装车作业。

表 4 - 7 - 1　发运通知单

运单号	要求到货时间	当前地点	件数（件）	重量（千克）	体积（立方米）
0000000000061	2020 - 03 - 07	上海市闸北区金箔路×号	6	30	0.114

场站操作员在进行装车作业时，要遵循装车作业规范：大不压小、重不压轻、先卸后装、集中堆码。待货物装车完毕，关闭厢门，拿出铅封锁进行厢门铅封，并将铅封信息填写到公路运输交接单的指定位置，将公路运输交接单中一联交由干线班车司机，随车发运。华源集团上海物流中心运输部将自有的 6 辆货车用于发往外地的干线运输作业，干线班车的发运路线、车辆状态、发运时间和预计到达时间等信息如表 4 - 7 - 2 所示。

表 4 - 7 - 2　长途运输班线信息

班线	车牌号	经停站	进站时间	发车时间	预计到达时间
上海—重庆	沪 A307×××	上海、郑州、重庆	8：00	9：30	上海—郑州 1 天 郑州—重庆 2 天
上海—济南	沪 A857×××	上海、徐州、济南	22：00	23：30	上海—徐州 1 天 徐州—济南 2 天

续表

班线	车牌号	经停站	进站时间	发车时间	预计到达时间
上海—杭州	沪 AB00××	无	19：30	21：30	1 天
上海—福州	沪 AH50××	无	14：30	15：30	2 天
上海—广州	沪 A328××	上海、武汉、广州	17：00	19：00	上海—武汉 1 天 武汉—广州 2 天
上海—南京	沪 AX77××	无	10：30	13：30	1 天

请模拟调度员及场站操作员进行干线发运任务。

知识准备

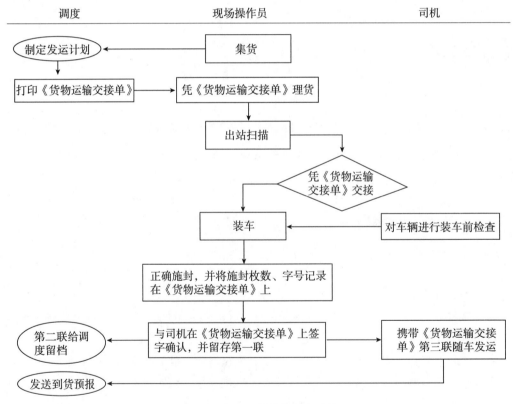

图 4-7-1 干线发运业务流程

一、装车前准备

首先，按车辆容载量和货物形状、性质进行合理配载，填制货物交接单。填单时应按货物先远后近、先重后轻、先大后小、先方后圆的顺序填写，以便按合理顺序装车，对不同到达站和中转站的货物要分单填制。

其次，将整理后的各种随货单证分别附于相应的交接清单后面。

最后，按单核对货物堆放位置，做好装车标记。

二、货物装车

1. 零担货物配载装车的原则

（1）"三先"原则：中转先运、急件先运、先托先运。

（2）尽量采用直达式；必须中转的货物，要合理安排流向。

（3）充分利用车辆载货量和容积。

（4）严格执行货物混装限制的规定。

（5）加强预报中途各站的待运量，并尽可能使同站装卸的货物在质量及体积上相适应。

2. 装车

（1）检查零担车车体、车门、车窗状态是否良好，车内是否干净。

（2）将贵重物品放在防压、防撞的位置以保证运输安全。

（3）根据车辆容积，均衡地分布货物，防止偏重。对某些集重货物和畸形偏心偏重货物，在其下面垫一定厚度的木板或钢板，使其重心尽可能位于车辆纵横中心线的交叉点。

（4）紧密地堆放货件，充分利用车辆载重量和容积，巧装满载，防止由于车辆运行中因摇摆、震荡造成的货物倒塌、破损。

（5）装车完毕后要复查货位，以免错装、漏装。

（6）驾驶员（或随车理货员）清点随车单证并签章确认。

（7）检查车辆关锁及捆扎情况。

请扫描右侧二维码，观看动画，了解货物装车配载原则。

货物装车配载原则

三、发运交接

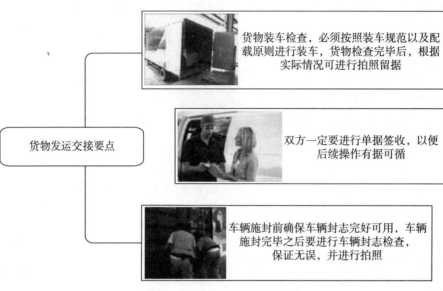

货物发运交接要点

货物装车检查，必须按照装车规范以及配载原则进行装车，货物检查完毕后，根据实际情况可进行拍照留据

双方一定要进行单据签收，以便后续操作有据可循

车辆施封前确保车辆封志完好可用，车辆施封完毕之后要进行车辆封志检查，保证无误，并进行拍照

图4-7-2 货物发运交接要点

任务实施

步骤一 业务处理

在系统主页面选择【发运通知】，进入业务处理页面。

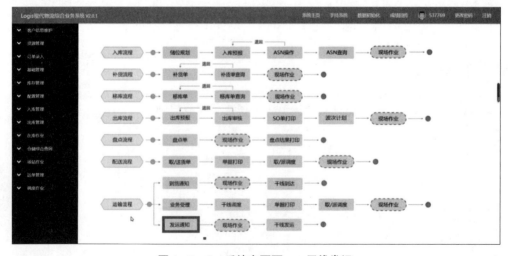

图4-7-3
系统主页面——干线发运

图4-7-3 系统主页面——干线发运

进入发运通知页面后，选中待发运班车的信息，点击【查看】，可以核对待发运

班车的信息，如图 4 - 7 - 4、图 4 - 7 - 5 所示。

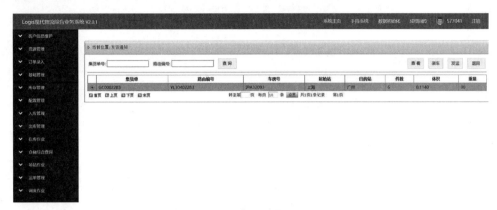

图 4 - 7 - 4 查看待发运班车信息

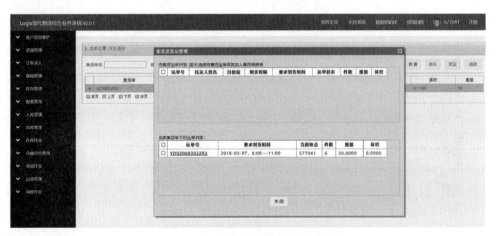

图 4 - 7 - 5 待发运班车信息详情

选中发运班车信息，点击【装车】，会出现货品运输交接单，点击【打印】按钮，即可打印交接单。

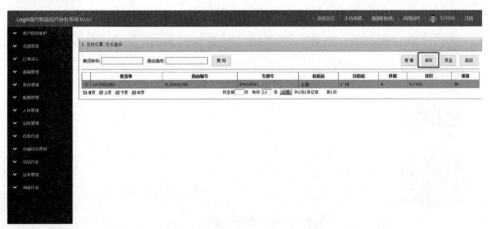

图 4 - 7 - 6 运输交接单打印

货物运输交接单　NO:GC0001606

始发站	上海	车牌号	沪A320××	核载（吨）	10	发车时间				
目的站	广州	司机	刘×	车容（m³）	12	预达时间				
序号	运单号		客户名称				件数（件）	体积（m³）	重量（kg）	备注
0	YD0200301606		中华童趣店				6	0	30	
	合计						6	0	30	
发站记事	施封：封锁		随车设备				发货方		司机	
到站记事	施封：封锁		到达时间	年 月 日 时						
	收货及货损描述									
		制单人			制单时间					

第一联（白联）：发运场站留存　第二联（红联）：司机留存　第三联（黄联）：目的场站留存

图4-7-6 运输交接单打印（续）

点击【发运】按钮，在系统上方会弹出是否将发运信息发送给下一站的确定框，点击【确定】，系统会将集货单信息发送至场站，等到下一步处理。

图4-7-7
发运

图4-7-7 发运

步骤二　现场操作

在系统顶部点击【手持系统】进入运输手持系统。

图4-7-8
进入运输
手持系统

图4-7-8 进入运输手持系统

48

点击【运输作业】—【干线出站】按钮，详情如图 4-7-9 所示。

图 4-7-9 运输手持系统

图4-7-9
运输手持
系统

选择待发运的班线信息，点击【扫描】，进入干线扫描操作界面（此处需手动输入运单号信息并按回车键确认，在实际操作中，本模块需扫描实际单据信息）。

扫描完成后，在"检测件数"下会显示具体的数量信息，如图 4-7-11 所示。

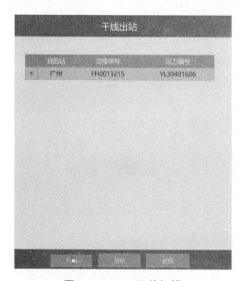
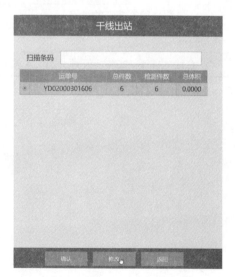

图4-7-10
运单扫描

图4-7-11
运单扫描
结果

图 4-7-10 运单扫描　　　　　　图 4-7-11 运单扫描结果

使用手持终端（运输手持系统）逐个扫描货物标签，待扫描的检测件数与总件数一致且确认扫描信息无误后，点击【确认】按钮，上传扫描结果。

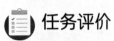 **任务评价**

班级			姓名			小组				
任务名称		干线发运								
考核内容		评价标准			参考分值（100）	学生自评	小组互评	教师评价	考核得分	
职业素养情况	1	具有良好的沟通能力			5					
	2	具有信息收集能力			5					
	3	在任务实施过程中具有较强的总结能力			10					
知识掌握情况	4	了解装车的准备工作			10					
	5	了解零担货物配载装车的原则			10					
	6	掌握发运交接的工作过程			10					
能力提升情况	7	能够利用操作系统完成干线发运业务处理			15					
	8	能够利用操作系统完成干线发车现场操作			15					
参与活动情况	9	积极参与任务实施			5					
	10	积极参与小组讨论			5					
	11	积极回答老师的提问			10					
小计										
合计 = 自评×20% + 互评×20% + 教师评×60%										

任务八 在途管理

任务目标

通过本任务的学习，可以达成以下目标：

(1) 掌握在途管理的基本内容
(2) 能够及时处理陆运班车在途的各种异常状况
(3) 能够及时纠正车辆的异常行驶状况

任务发布

某运输公司负责京沪干线运输的车辆主要为核定载重 25 吨的单桥全封闭厢式货车，其班车的具体时间表如表 4-8-1 所示。

表 4-8-1 全国干线班车京沪线时刻表

线路名称	发车站	到达站	发车时间	到达时间	里程（km）	核载（吨）
京沪线	北京	无锡	18：00	次日 12：00	1250	25
	无锡	上海	12：30	14：20	110	
	上海	无锡	2：30	5：30	110	
	无锡	北京	6：00	次日 0：50	1250	

作为负责该条线路的车辆管理人员，需要对在途运输的车辆和货物进行跟踪管理。

知识准备

一、途中作业概述

货物在运输途中发生的各项货运作业，均称为途中作业。途中作业主要包括途中货物交接、途中货物整理或换装等内容。

1. 途中货物交接

为保证货物运输的安全与完好，便于划清企业内部的运输责任，货物在运输途中如发生装卸、换装、保管等作业，驾驶员之间、驾驶员与站务人员之间应认真办理交接检查手续。一般情况下交接双方按货车现状及货物装载状态进行交接，必要时可按货物件数和质量交接，如接收方发现有异状，由交出方编制记录备案。

2．途中货物整理或换装

货物在运输途中如发现有装载偏重、超重、货物撒漏，车辆技术状况不良而影响运行安全，货物装载状态有异状，装载加固材料折断或损坏，货车篷布遮盖不严或捆绑不牢等情况，有可能危及行车安全和货物完好时，应及时采取措施，对货物加以整理或换装，必要时调换车辆，同时登记备案。

二、零担货物中转作业

1．中转作业

零担货物除了在始发站以直达零担班车的形式组织发送外，仍有一部分零担货物需要以中转零担班车或沿途零担班车的形式运到规定的中转站进行中转。零担货物的中转作业是将来自各个方向的零担货物重新集结待运，继续运至零担货物终到站。因此，零担货物的中转作业是一个按货物流向或到站进行分类整理，先集中再分散的过程。加强零担货物的中转组织工作，对于搞好零担货物运输有重要意义。

合理选择中转站点和划分中转范围，对于加速零担货物的送达速度、减少不必要的中转环节、均衡分配中转站的作业量有很大的影响。中转站点的选择和中转范围的划分，必须根据货源和货流的特点，按照经济区划原则，在充分做好运输经济调查的基础上加以确定。

零担货物的中转还涉及中转环节的理货、堆码、保管等作业，零担货物中转站必须配备相应的仓库等作业条件，确保货物安全、及时、准确地到达目的地。

2．中转作业的基本方法

零担货物中转作业的基本方法一般有以下三种：落地法、过车法和坐车法。

请扫描右侧二维码，了解中转作业的基本方法。

中转作业的基本方法

三、在途跟踪

物流运输跟踪管理包括运输作业跟踪、运输货物跟踪和车辆作业跟踪。实时、精准掌握运单作业状态、货物在途状况和车辆运输状态，提高运输的透明度和对运输过程的控制能力，有效提升了运输的安全性和客户服务水平。

在途跟踪从狭义上来讲是指货物发运出站直至到达目的站的干线运输途中运输情况的跟踪与查询；广义上来讲也可理解为订单追踪，即从运输订单录入至回单签收返回一系列的记录跟踪。在途跟踪的手段与时俱进，从电话到运输管理系统，再到 GPS 都紧跟着时代的发展和科技的进步。总的来说，在途跟踪的基本目标是服务。

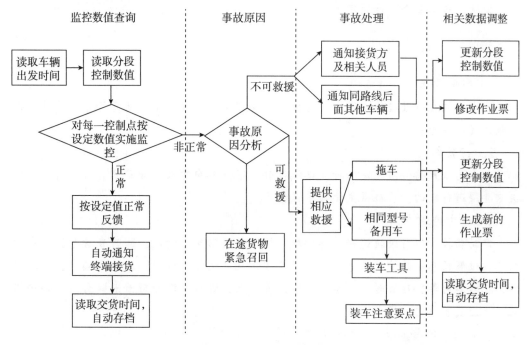

图 4 - 8 - 1　车辆在途管理

在途管理包括对行驶要求、行驶路线、途中追踪查询、途中停靠作业的管理。

任务实施

步骤一　跟踪管理

货运市场存在无序竞争和管理不规范的情况，公路零担货运企业必须加强运营管理。在公路零担货运企业的运营管理中，货物在途运输的跟踪管理显得尤为重要。这就要求公路零担货运企业加强运行管理监管，完善安全监督机制，提供运输变更信息，并积极推动公路零担货物运输信息化管理。

1. 规范运行

通过路线稽查、运营稽查等手段，实时了解驾驶员的不规范行为，及时与驾驶员沟通，解决承运车辆的应急调度问题，做好车辆的排线、排班和车次安排应急工作。

2. 规范管理

加强承运车辆的追踪管理，统计总里程、分段里程、平均车速、分段车速、停车次数等数据，再结合月度油耗、班次统计、轮胎使用、车辆使用率、营业收入统计等指标进行综合分析，提高货运企业的管理水平。

3. 推动信息化管理

借助车载终端的实时导航、实时指引、超速报警、安全报警、报警求助等功能，有效地防止车辆安全意外的发生。

步骤二　在途管理

1. 行驶要求

要求司机在行驶过程中遵守交通规则，合理控制车速，不得随意停靠，及时汇报行驶状况，等等。

2. 行驶路线

要求司机严格按照既定的行驶路线行驶，不得私自更改行驶路线。对于有特殊情况需要绕道行驶的，应征得主管领导同意。

3. 途中追踪查询

定时监控车辆行驶轨迹并了解行驶的状况和道路交通情况，随时查看车辆的在途状态、位置信息、轨迹记录等。对出现异常情况的运单，如晚点、线路偏移、长时停滞、在途超时等，应及时、快速地了解异常情况，进行判断分析并采取有效的解决措施，确保货物准时、安全到达。

（1）行驶线路偏移。车辆在行驶过程中出现行驶路线偏移。发现线路偏移的第一时间，马上拨打该司机的电话，询问路线偏离的原因。

> 车队长：是张×吗？我是车队队长。
>
> 班车司机：队长，您好。
>
> 车队长：5 月 17 日 07：15，线路为什么偏移了？
>
> 班车司机：队长，规定的那条道路正在进行施工建设，行驶非常不顺，存在很大的危险隐患，所以我选择了其他路线。
>
> 车队长：哦，这样啊。那绕过施工段后，尽快回到原来的路线上来。不要耽误了运输时间。
>
> 班车司机：好的，我知道了。

（2）长时间停滞。车辆在行驶过程中出现长时间停滞。发现长时间停滞的第一时间，马上拨打该司机的电话，询问长时间停滞的原因。

车队长：是张×吗？我是车队队长。

班车司机：队长，您好。

车队长：5月17日09：35到10：35，为何长时间停滞在扬州市江都区乔墅镇？出现什么事故了吗？

班车司机：队长，没有出现事故。车辆临时出了一点小毛病，正在维修。

车队长：多长时间能够修好？

班车司机：目前已经快修好了，很快就能正常运行。

车队长：尽快修好，记录车辆异常情况，回头进行整修。

班车司机：嗯，好的。

4. 途中停靠作业

由于车辆中途行驶路线偏离和长时间停滞，因此无法按照班车时间准点到达无锡市。车队长需要及时致电司机，询问最新的行驶状况，确定到达无锡市的具体时间。

通过与司机沟通，确定该次班车具体到达无锡的时间为2022年5月27日13：00，在班车到达前，再次向无锡市分拨中心班车管理人员发送最新到货信息。

任务评价

班级		姓名		小组			
任务名称	在途管理						
考核内容		评价标准	参考分值（100）	学生自评	小组互评	教师评价	考核得分
职业素养情况	1	具有良好的沟通能力	5				
	2	具有信息收集能力	5				
	3	在任务实施过程中具有较强的总结能力	10				
知识掌握情况	4	了解途中作业的基本内容	10				
	5	了解零担运输货物中转的方法	10				
	6	理解在途跟踪的主要跟踪内容	10				
能力提升情况	7	能够对在途货物进行跟踪	15				
	8	能够对在途异常货物进行处理	15				
参与活动情况	9	积极参与任务实施	5				
	10	积极参与小组讨论	5				
	11	积极回答老师的提问	10				
小计							
合计 = 自评×20% + 互评×20% + 教师评×60%							

任务九　到达卸货

 任务目标

通过本任务的学习，可以达成以下目标：

(1) 能够做好到站货物检查，完成到站卸货
(2) 能够处理好到站异常货物
(3) 能够使用物流综合业务系统完成货物到达作业

任务发布

运输部客服人员收到目的站为上海的到货通知信息，具体如表4-9-1所示。请根据运输作业任务要求，完成调度员的到达通知工作，配合场站操作员完成到货卸车任务。

表4-9-1　干线到达区库存信息

货品条码	货品名称	包装规格（mm）	总体积（m³）	总重量（kg）	数量	摆放方式
6942886302219	铜锣烧	190×370×270	0.095	25	5箱	地面
6932904709700	婴儿奶粉	190×370×270	0.095	30	5箱	地面
9787309018646	图画本	285×380×270	0.174	24	6箱	地面
6955085419671	儿童吸管杯	285×380×270	0.174	12	6箱	地面

知识准备

一、货运到达

零担班车到站后，对普通到货零担及中转联运零担应分别理卸。根据仓库情况，除将普通到货按流向卸入货位外，对需要中转的公—公联运货物，应办理驳仓手续，填制"货物驳运、拼装、分运交移凭证"，分别移送有关货组；其他公转铁、公转水、公转航空运输货物，分别移送有关仓库，办理仓储及中转作业。

到站卸货注意事项：

第一，要认真办好承运车与车站的交接工作。班车到站时，车站货运人员应向随车理货员或驾驶员索阅货物交接清单以及随附的有关单证，注意核对两者信息，如有不符，应在交接清单上注明不符情况。

班车到站后，由仓库人员检查货物情况，如无异常在交接单上签字并加盖业务章。如有异常情况发生，则应采取相应措施处理。发现票货不符时，按下列原则处理：①有单无货，双方签注情况后，在交接单上注明，原单返回。②有货无单，确认货物到站，收货后仓库保管员签发收货清单，双方盖章，清单寄回起运站。③货物到站错误，将货物原车运抵起运站。④货物短缺、破损、受潮、污染、腐坏时，均不得拒收，但应在交接清单上签注并作出商务记录。双方共同签字确认，填写事故清单。

第二，要检查车门、车窗及敞车的篷布覆盖、绳索捆扎有无松动、漏雨等情况，确认货物在运送过程中的状态和完整性，以便在发生货损货差时划清责任并防止误卸。

第三，零担货物到站卸货验收完毕后，到达本站的货物，应登入"零担货物到货登记表"，并迅速以"到货分店"的形式和"到货通知单"或电话的方式发出通知，催促收货人提货，并将通知的方式和日期记入到货登记簿内备查。对合同运输单位的货物，应立即组织送货上门。

第四，收票交货是零担货物运输的最后一道工序，货物交付完毕，收回货票提货联，公路汽车的责任运输才告结束。它包括内交付（随货同行单证交付）和外交付（现货交付）。

为了防止误差，实践中收票交货应注意以下事项：①不得白条提货，信用交付。②凭货票提货联交付，由收件人在提货联上加盖与收货人名称相同的印章并提供有效身份证件交付。③凭到货通知单交付的，由收货人在到货通知单上加盖与收货人名称相同的印章并查验提货经办人有效身份证件，在货票提取联签字交付。④凭电话通知交付的，凭收货单位提货介绍信经车站认可后由提货经办人在货票提货联上签字交付。⑤委托其他单位代提的，应有收货人盖有相同印章向车站提出的委托书，经车站认可后，由代提单位在货票提货联上签章交付。⑥零担货物交付时，应认真核对货物品名、件数和票签号码。如货件较多，要取货后集中点交，以免出现差错。

二、零担货物交货的步骤

零担货物到站后，对普通到货零担及中转零担分别理卸，并根据仓库情况，将货物按流向卸入货位。

第一，车辆到站后，驾驶员向货运站提交货物交接单和有关单证。此环节，驾驶员和货运员应共同检查车门、车窗及敞车的篷布覆盖、绳索捆扎有无松动、漏雨等情况，确认货物在运送过程中的状态和完整性，以便在发生货损货差时划清责任并防止误卸。

如核对中发现票货不符，处理的原则为：有票无货，原票退回；流向错运，越站错运，原车带回；货物短少、损坏以及有货无票，均不得拒收，但须在交接清单上签注并作出商务记录；有货无票的应联系沿途停靠各站查询处理。

第二，货运员向卸车人员说明有关要求和注意事项。

第三，卸车完毕，货运员和驾驶员办理交接手续，迅速发布到货公告或到货通知书，催促收货人前来提货。

三、零担货物交货时的注意事项

第一，不能凭白条、信用交付货物。

第二，在交付货物时，收货人必须持有相应的收货单据和有关证明文件。

第三，在凭电话通知交付时，除应有收货人的运单外，还须有货运站认可的提货经办人在运单上的签字。收货人委托他人代提的，则代提货人应持收货人开具的盖有与收货人名称相同的印章的委托书，经车站认可后，由代提货人在运单上签章交付。

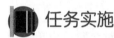 任务实施

步骤一　到货通知处理

在系统主页面点击【到货通知】进入业务处理页面。

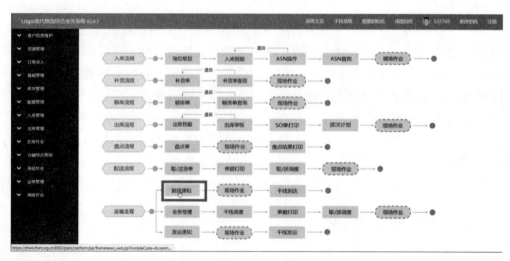

图4-9-1
系统主页面

图 4-9-1　系统主页面

点击【到货通知】后，进入【到货通知】的处理界面。可以选择对应的通知，点击【查看】按钮查看到货情况，查看完成后，点击【关闭】按钮，结束当前操作。

58

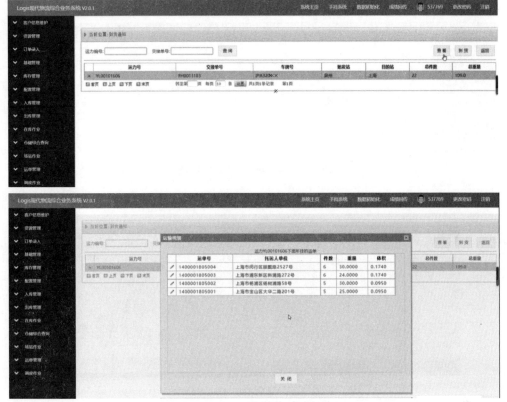

图4-9-2
查看到达
通知单

图 4 - 9 - 2   查看到达通知单

信息确认无误后，点击【到货】按钮进行到货确认，系统会将到货信息发送到对应的手持系统。

图 4 - 9 - 3   通知单到货处理

图4-9-3
通知单到货
处理

步骤二 到货入站

在系统顶部点击【手持系统】进入运输 RF 手持系统（以下简称运输手持系统）

进行干线入站操作。

图4-9-4　进入运输手持系统

在运输手持系统中，点击【运输作业】—【干线入站】按钮。

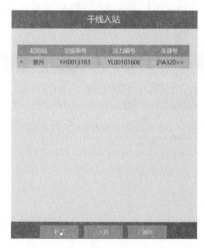

图4-9-5　运输手持系统

选择一条待入站记录，点击【扫描】按钮进入运单货品扫描页面。

起始站	交接单号	运力编号	车牌号
泉州	FH0013183	YL00101606	沪A320××

图4-9-6　运单扫描

使用手持系统扫描运单号或将运单号输入至扫描条码处（若运单号为手动输入，输入完成后需按回车键确认），扫描完成后，在检测件数处会显示具体数量，点击【确认】按钮，完成扫描作业。

图4-9-7
运单扫描
并确认

图 4 - 9 - 7 运单扫描并确认

　　重复操作直至所有到站货品扫描完成，点击【确认】按钮，运输手持系统将信息反馈到现代物流综合作业系统。当所有运单中的到站货品都扫描完成之后，返回上一页面，点击【入站】按钮完成干线入站操作。

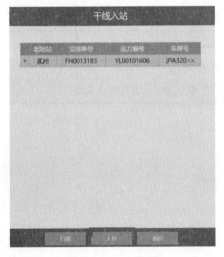

图4-9-8
入站

图 4 - 9 - 8 入站

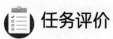 **任务评价**

班级			姓名			小组		
任务名称		到达卸货						
考核内容		评价标准		参考分值（100）	学生自评	小组互评	教师评价	考核得分
职业素养情况	1	具有良好的沟通能力		5				
	2	具有信息收集能力		5				
	3	在任务实施过程中具有较强的总结能力		10				
知识掌握情况	4	了解货物到达的工作流程		10				
	5	了解零担货物交货的步骤		10				
	6	掌握零担货物交货的注意事项		10				
能力提升情况	7	能够利用操作系统完成到货通知处理		15				
	8	能够利用操作系统完成到货入站操作		15				
参与活动情况	9	积极参与任务实施		5				
	10	积极参与小组讨论		5				
	11	积极回答老师的提问		10				
小计								
合计 = 自评×20% + 互评×20% + 教师评×60%								

Part Five

项目五 **特种货物业务操作**

任务一　危险货物运输组织

🎯 任务目标

通过本任务的学习，可以达成以下目标：

(1) 能够对危险货物进行正确判断
(2) 掌握危险货物运输的基本要求
(3) 能够组织危险货物公路运输

📄 任务发布

新疆金远物流公司接收到一批烟花爆竹物品，需要从乌鲁木齐运往哈密。烟花爆竹属于易爆炸的危险货物，对于危险货物的运输如何进行管理？如何组织危险货物的运输？业务经理把此项危险货物的运输交给王某去完成。

王某该如何完成此项任务？

📚 知识准备

一、危险货物的分类与确认

危险货物是具有爆炸、易燃、毒害、腐蚀、放射等性质，在运输、装卸、仓储保管过程中，容易造成人员伤亡和财产损毁而需要特别防护的货物。

1. 危险货物的分类

中华人民共和国国家标准《危险货物分类和品名编号》（GB6944—2012），将危险货物按其主要特征和运输要求分为9类：爆炸品；气体；易燃液体；易燃固体、易于自燃的物质、遇水放出易燃气体的物质；氧化性物质和有机过氧化物；毒性物质和感染性物质；放射性物品；腐蚀性物质；杂项危险物质和物品。

1 爆炸性/爆炸性物品 烟花 爆竹 弹药 	2 高压气体 喷雾器 潜水液化气瓶 野营用气体 打火机的补充气体 灭火器 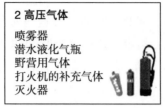	3 可燃液体 打火机 打火机燃料 涂料 指甲油 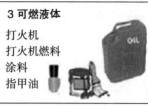
4 可燃性物品 火柴 木炭 	5 氧化性物品 小型氧气发生器 过氧化物品/漂白剂 	6 有毒/有害物质 杀虫剂 农药 
7 放射性物品 	8 腐蚀性物品 液体电池 水银 	9 其他危险物品 磁石　发动机 干冰　石棉 令人不快的、有麻醉性的、有毒的物质也属于违禁品 

图 5 - 1 - 1　常见的危险货物

请扫描右侧二维码，学习拓展阅读——危险品的种类。

危险品的种类

2. 危险货物的确认

我国《危险货物品名表》（GB12268—2015）对危险货物的品名做了具体规定，并对危险货物运输、储存、生产、经营、使用和处置做了规范。我国的铁路、公路、水路、民航等各种运输方式在确认危险货物时，均采取列举原则。各运输方式都颁布了《危险货物运输规则》，并在所附的《危险货物品名表》中收集列举了在本规则范围内的各种危险货物的具体品名，并加以分类。

请扫描右侧二维码，学习拓展阅读——危险货物品名表。

危险货物品名表

二、危险货物运输的特点和要求

危险货物运输是指按危险货物条件办理的货物运输作业。由于危险货物在一定的外界条件下，如摩擦、撞击、震动、日光暴晒、温度变化等，会酿成爆炸、燃烧等严重事故，所以危险货物的包装、配装、装卸以及运送必须按照《危险货物运输规则》的具体规定进行。危险货物应在指定的地点进行装卸作业，运输部门、物质部门和装卸部门必须密切配合，在运输车辆、装卸器具、各种人员选派、运输路线选择等环节都应全面考虑，保证整个运输环节的绝对安全。

1. 危险货物运输的特点

（1）品类繁多。按照危险货物的危险性，《危险货物分类和品名编号》（GB6944—2012）将危险货物分为9类共21项。每一项中又包含具体的危险货物，《危险货物品名表》（GB12268—2015）中在册的已达2763种品名。2763种危险货物和每年不断新增加的危险货物，其物理和化学性质差异很大。

（2）危险性大。危险货物具有特殊的物理、化学性能，运输中如防护不当，极易发生事故，并且事故所造成的后果较一般车辆事故更加严重。以液化石油气为例，由于它具有易燃、易爆、易产生静电等特性，因此，液化石油气的运输过程中会遇到各种危险，如着火危险、爆炸危险等。

（3）运输管理的规章制度多。危险货物运输是一个附加值比较高的业务，也是危险性比较大的业务，稍有不慎便会给企业甚至国家造成巨大损失，给社会造成巨大的危害，给人民群众带来巨大的灾难，这就要求危险货物运输企业必须规范管理与运作，承运车辆必须符合危险货物运输的条件并配备相应的各种设备，危险货物操作人员必须经过各类危险化学品操作培训持证上岗。危险货物运输是整个道路货物运输的一个重要组成部分，必须遵守各级各项特殊规定，如道路危险货物运输的国家标准、道路危险货物运输行业标准以及所在城市相关规定。

（4）专业性强。危险货物运输不仅要满足一般货物的运输条件，严防超载、超速等危及行车安全的情况发生，还要根据货物的物理和化学性质，满足特殊的运输条件。其运输环节是一项技术性和专业性很强的工作。

2. 危险货物运输的基本要求

（1）业务专营，资质从严。国务院《危险化学品安全管理条例》（国务院344号令）及交通运输部《道路危险货物运输管理规定》（交通运输部2019年第42号令）中明确规定只有符合规定资质并办理相关手续的经营者才能从事道路危险货物运输经营业务。同时还规定，凡从事道路危险货物运输的单位，必须拥有能保证安全运输危险货物的相应设施、设备；从事营业性道路危险货物运输的单位，必须具有5辆以上专用车辆的经营规模、配有相应的专业技术管理人员，并已建立健全安全操作规程、岗位责任制、车辆设备保养维修和安全质量教育等规章制度。

（2）车辆专用，设备齐全。装运危险货物的车辆不同于普通货物运输的车辆，交通运输部发布的《汽车运输危险货物规则》和《营运车辆技术等级划分和评定要求》对装运危险货物的车辆技术状况和设施做了特别的规定。

（3）人员专业，知识武装。危险货物运输业是一个特殊的行业，从事道路危险货物运输的相关人员必须掌握危险货物运输的有关专业知识和技能,并做到持证上岗。从事道路运输危险货物的驾驶员、押运员和装卸人员必须了解所运载的危险货物的性质、危害特性、包装容器的使用特性和发生意外时的应急措施。

    (1) 请扫描右侧二维码,观看动画,了解危险货物的运输要求及注意事项。

危险货物的运输
要求及注意事项

    (2) 请扫描右侧二维码,查看内容,了解危险货物道路运输。

关于危险货物道路运输,
这些事儿你要知道

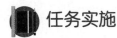 任务实施

步骤一 托运受理

    (1) 在受理前必须对货物名称、性能、防范方法、形态、包装、单件重量等情况进行详细了解并标注清楚。

    (2) 问清包装、规格和标志是否符合国家规定要求,必要时到现场进行了解。

    (3) 新产品应检查随附的技术鉴定书是否有效。

    (4) 检查按规定需要的"准运证件"是否齐全。

    (5) 做好运输前准备工作。装卸现场、环境要符合安全运输条件,必要时应赴现场勘察。

步骤二 储存保管

    (1) 危险货物入库必须检验。入库时要详细核对货物品名、规格重量、容器包装等,发现品名不符、包装不符或容器渗漏时,立即移至安全地点处理,不得进库。

    (2) 化学危险货物仓库的安全检查,每天必须进行2次。对性质不稳定、容易分解变质的物品,应定期进行测温,做好记录。入库储放的每种物品应明显地标明其名称、燃烧特征及灭火方法,某些需要特别储存条件的应另外标明。

    (3) 仓库进出货物后,对可能遗留或洒落在操作现场的危险货物,要及时进行检查、清扫和处理。

    (4) 仓库内严禁一切明火。

    (5) 允许进入危险仓库区的运货汽车应有特殊的防火设备。汽车与库房之间应划定安全停车线,一般为5米。严禁在仓库内检修汽车。

（6）不准在库房内或危险货物堆垛的附近进行试验、分装、封焊及其他可能引起火灾的操作。

（7）仓库内的避雷针、电线和建筑设施，应定期检查。

（8）化学危险货物仓库根据规模大小，设有足够的消防水源、必需的消防器材以及抢救防护用具等，并经常进行检查保养，以免失效。

（9）仓库应有严格的人员出入库、机械操作、明火管理等安全管理制度。对某些剧毒的或贵重的或爆炸的危险货物，要严格贯彻双人保管、双人收发、双人领料、双本账、双锁管理的"五双管理制度"。

（10）危险货物出库必须认真复核。要准确按照合法凭证规定的货位编号、品名、规格、国别或产地、发站和收货人、包装、件数等，把货物交付提货人员或装入有关车辆及其他运输工具。在货物出仓前，对每批货物必须实行两人以上的复核制。

步骤三　装卸堆垛

（1）进行危险货物装卸操作时，必须穿戴防护用具。防护用具使用后，要单独清洗、消毒，以防交叉传染和扩大污染。

（2）装卸操作人员在进入危险货物的仓库和集装箱前，应先通风，排除可能聚积的有毒气体。

（3）危险货物堆垛时，装卸人员应认真检查货物包装（包括封口）的完好状况，破包不进仓。

（4）进行危险货物装卸作业时，必须严格遵守各类货物的装卸操作规程，做到轻装、轻卸，防止货物撞击、挤压、倒置，严禁摔甩、翻滚。

（5）装卸危险货物前要准备好相应的消防器材和急救用品，按危险货物的危险性强弱安排装卸顺序，最危险的货物应最后装货、最先卸货。

（6）危险性能相抵触或消防方法不同的危险货物不能混载在同一运送工具中，不同性质危险货物的配装按各运输方式《危险货物运输规则》有关货物配装的规定进行。

（7）装卸气瓶不得肩扛、背负、冲击及溜坡滚动，气瓶的防护帽必须齐全紧固；装卸易燃易爆物品时，装卸作业现场必须远离火种、热源，操作人员不得身带火种和穿着有铁钉的鞋；装卸遇水反应的危险货物，雨雪天禁止作业，茶水汤桶不得带入作业现场；装卸氧化剂前，必须检查堆垛氧化剂的舱面，不得有任何酸类、煤木片、糖面粉、硫磷金属粉末及其他各种可燃物质的残留物；装卸毒害品的作业过程中及完工后，手脸不经清洗消毒，不准进食、饮水、吸烟。

（8）危险货物的堆垛必须稳妥、整齐、牢固，便于点数，不易倒垛。各种形式的包装的堆垛方式和堆垛的大小、高低都必须符合运送工具和货物性质的要求。各种桶都不能横卧堆垛，必须直立错位堆垛，桶口必须向上；各种箱都不得横置倒置；各种袋的封口必须一致向外，箱袋在对位堆垛一定的高度后必须错位。

（9）危险货物在运输工具的货舱里堆垛以后，必须采取紧固措施，使货物在运送过程中不因运输器震荡、晃动、摇摆而倒塌或移垛。

步骤四　运送

（1）详细审核托运单的内容，发现问题要及时弄清情况，再安排运送作业。

（2）必须按照货物性质和托运人的要求安排车班、车次，如无法按照要求安排作业时，应及时与托运人联系进行协商处理。

（3）运输危险货物必须配备随车人员，途中应经常检查，发现问题后及时采取措施，车辆中途临时停靠、过夜应安排人员看管，随车人员严禁吸烟，行车作业人员不得擅自变更运送作业计划，严禁擅自拼装、超载。

（4）遇有大批量烈性易燃、易爆、剧毒和放射性物质时，必须做重点安排，必要时召开专门会议，制定运输方案。

（5）安排大批量爆炸物品与剧毒物品跨省、市运输时，应使有关负责人员带队，指导装卸和运行，确保安全生产。

（6）有特殊注意事项，应在行车单上注明。

（7）运送中，危险货物如有丢失、被盗，应立即报告当地交通运输主管部门和公安部门。

（8）要注意气象预报，掌握雨雪和气温的变化。

步骤五　送达交付

（1）危险货物送抵目的站后，一般由目的站的装卸人员卸货入库等候收货人取货，卸货完毕应办理交接手续。自此，运送人的职责已履行，危险货物的保管责任由目的站承担。目的站应迅速通知收货人领取货物。在待领期间，目的站应对危险货物进行妥善保管。即使收货人逾期不领，也不能因此免除承运人（目的站）的保管责任。

（2）危险货物运达后因故不能及时卸货，在待卸期间行车人员负责对所运危险货物的看管，同时应及时与托运人取得联系，妥善处理。

（3）在危险货物待领期间，如果货物发生变化危及安全，目的站有临时处置的权责，但最好是与当地公安部门共同进行，有利于赔偿纠纷的解决。

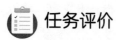 **任务评价**

班级			姓名			小组			
任务名称		危险货物运输组织							
考核内容		评价标准		参考分值（100）	学生自评	小组互评	教师评价	考核得分	
职业素养情况	1	具有良好的沟通能力		5					
	2	具有信息收集能力		5					
	3	在任务实施过程中具有较强的总结能力		10					
知识掌握情况	4	了解危险货物的分类		10					
	5	了解危险货物运输的特点		10					
	6	掌握危险货物运输的基本要求		10					
能力提升情况	7	能够对危险货物进行判断		15					
	8	能够完成危险货物公路运输的组织		15					
参与活动情况	9	积极参与任务实施		5					
	10	积极参与小组讨论		5					
	11	积极回答老师的提问		10					
小计									
合计＝自评×20％＋互评×20％＋教师评×60％									

任务二 鲜活易腐货物组织

任务目标

通过本任务的学习，可以达成以下目标：

(1) 能够区分冷藏车
(2) 能够组织冷藏车运输与管理
(3) 能够对鲜活易腐商品进行运输

任务发布

新疆金远物流公司承载了当地干鲜果物品的运输工作。新疆金远物流公司接收了一批约2.5吨葡萄的运输，这批葡萄需要从吐鲁番市运往酒泉市，然后发往各个批发市场。收货人特别重视这批葡萄的运输，所以业务经理对部门的几名人员经过仔细的比较，觉得王某一直以来表现得很优秀，工作也完成得很出色，所以为了确保葡萄在运输途中的保鲜工作，同时也为满足客户的要求，业务经理决定把此次运输任务交给王某。王某该怎么完成任务呢？

知识准备

鲜活易腐货物是指在运输过程中，需要采取特殊措施（冷藏、保温、加温、通风、上水等）以防止腐烂变质或病残死亡的货物，或托运人认为须按鲜活货物运输条件办理的货物。例如，肉、鱼、虾、蛋、瓜果、蔬菜、禽、畜、兽、蜜蜂、活鱼、鱼苗、花木秧苗等。运输鲜活易腐货物需要用一些特殊的工具，并采用相应的运输方法。

图5-2-1 鲜活易腐货物

请扫描右侧二维码，学习拓展阅读——鲜活易腐货物运输的特点。

鲜活易腐货物运输的特点

一、鲜活易腐货物保藏和运输的方法

鲜活易腐货物运输中，除了少数确因途中照料不当或车辆不适造成失鲜失活外，其中大多数都是因为发生腐烂所致。至于发生腐烂的原因，对于动物性食品来说，主要是微生物的作用；对于植物性食物来说，主要是呼吸作用所致。

冷藏方法是迄今最普遍、最有效的保藏食品的方法，其优点为：能很好地保持食物原有的品质，包括色、味、香、营养物质和维生素；冷藏的时间长，能进行大批量的保藏及运输。

冷藏货物大致分为冷冻货和低温货两种。冷冻货是指在冻结状态下进行运输的货物，运输温度的范围一般为 $-20℃ \sim -10℃$；低温货是指在未冻结或货物表面有一层薄薄的冻结层的状态下进行运输的货物，运输温度的范围一般为 $-1℃ \sim 16℃$。

易腐货物还要注意温度、湿度、通风、卫生四个条件的关系，同时，因为微生物活动和呼吸作用都随着温度的升高而加强，因此必须保持连续冷藏。

请扫描右侧二维码，学习易腐货物机械冷藏车运输条件。

易腐货物机械
冷藏车运输条件表（摘录）

二、冷藏车

1. 冷藏车的概念

冷藏车是用来运输冷冻或保鲜的货物的封闭式厢式运输车，是装有制冷机组的制冷装置和聚氨酯隔热厢的冷藏专用运输汽车，常用于运输冷冻食品（冷冻车）、奶制品（奶品运输车）、蔬菜水果（鲜货运输车）、疫苗药品（疫苗运输车）等。

图5-2-2 冷藏车

2. 冷藏车的构成

一辆冷藏车主要由以下几个部分组成。

（1）货车。一般来说，目前市场上的冷藏车都是在普通货车的基础上改装而成的。一般的货车都可以改装成冷藏车。比较常见的有东风、解放、五十铃、庆铃等品牌的货车。货车的大小和型号可以根据用户的要求进行选择。

（2）制冷机组。制冷机组是冷藏车的制冷来源。制冷效果完全取决于制冷机的功率和质量。目前比较常见的制冷机大多是进口的，有开利、MD、美国冷王（Thermo King）等品牌。

（3）保温箱。冷藏车都需要有保温箱。保温箱需要由专业的生产厂家提供。一般来说，目前国内的冷藏汽车制造厂实质上就是专业制造保温箱的厂家。冷藏汽车制造厂购买（也可以由用户自行购买）货车和制冷机组后安装一个保温箱就是一部冷藏车。若是温度要求不高，也可以不需要制冷机组，这是保温车。目前国内比较有名的冷藏车品牌有河南的冰熊和济南的考格尔。

3. 冷藏车的分类

按底盘生产厂家分类：东风冷藏车、长安之星冷藏车、庆铃冷藏车、江铃冷藏车、江淮冷藏车、北汽福田冷藏车。

按底盘承载能力分类：微型冷藏车、小型冷藏车、中型冷藏车、大型冷藏车。

按车厢形式分类：面包式冷藏车、厢式冷藏车、半挂冷藏车。

4. 冷藏车的特点

（1）密封性。冷藏车的货柜需要保证严格的密封来减少与外界的热量交换，以保证冷藏柜内保持较低温度。

（2）制冷性。加装的制冷设备与货柜连通并提供源源不断的冷气，保证货柜的温度在货物需求的范围内。

（3）轻便性。用冷藏车运输的货物都是不能长时间保存的物品，虽然有制冷设备，仍需较快送达目的地。

（4）隔热性。冷藏车的货柜类似集装箱，但由隔热效果较好的材料制成，减少了热量交换。

三、鲜活易腐货物的运输组织与管理

鲜活易腐货物运输的特殊性在于要求及时运达，因此，应充分发挥公路运输快速灵活的特点，协调好仓储、配载、运送各环节。

1. 鲜活易腐货物的物流运输组织与管理的要点

（1）托运人托运鲜活易腐货物，应当提供最长允许运输时限和运输注意事项，按约定时间办理托运手续。

（2）政府规定需要进行检疫的鲜活易腐货物，应当出具有关部门的检疫证明，包装要适合鲜活易腐货物的特性，不致污染、损坏其他货物。

（3）配载运送时，应对货物的质量、包装和温度要求进行认真的检查，根据货物的种类、运送季节、运送距离和运送地区确定相应的运输服务方法，及时地组织适合的车辆予以装运。

（4）鲜活易腐货物装车前，必须认真检查车辆设备的完好状态，应注意清洗和消毒。装车时应根据不同货物的特点，确定其装载方法。例如，为保持冷冻货物的冷藏温度，要紧密堆垛；水果、蔬菜等需要通风散热的货物，必须在货件之间保留一定的空隙；怕压的货物必须在车内加隔板，分层装载。

图 5 - 2 - 3　装车前检查

（5）需要特殊照料的鲜活易腐货物，应由托运人自备所需物料，必要时由托运人派人押运。

（6）鲜活易腐货物在运输、仓储过程中，承运人因采取防护措施所发生的费用，由托运人或收货人支付。

2. 鲜活易腐货物的运输

（1）托运。托运鲜活货物前，应根据货物的特性，做好相应的包装。托运时须向具备运输资格的承运方提出货物最长的运到期限、某一种货物运输的具体温度及特殊要求，提交卫生检疫等有关证明，并在托运单上注明。

（2）承运。承运鲜活易腐货物时。应对托运货物的质量、包装和温度进行认真的检查，要求质量新鲜、包装达到要求、温度符合规定。

（3）装车。鲜活货物装车前，必须认真检查车辆的状态，车辆及设备完好方能使用，车厢如果不清洁应进行清洗和消毒，适当风干后才能装车。装车时应根据不同货物的特点，确定其装载方法。

（4）运送。根据货物的种类、运送季节、运送距离和运送方向，按要求及时起运、双班运输、按时运达。炎热天气运送时，应尽量利用早晚时段行驶。运送牲畜、蜜蜂等货物时，应注意通风散热。

 任务实施

步骤一　托运受理

接洽托运人，详细记录货物的相关信息，确保托运单收、发货人的名称以及到、发货地点清楚、准确。

步骤二　填制运输托运单

填制葡萄运输托运单时，除了填制基本的运输信息（包括收、发货人名称及详细的到、发货地址，运输葡萄的重量、体积、件数及包装，运输价格）之外，还需要注明葡萄的运输温度为 -1℃~3.0℃，湿度应保持在85%~90%为宜，运输过程中应防止日晒、雨淋、挤压和碰撞。

> 填制鲜冷易腐货物运输托运单的注意事项：
>
> （1）填写商品具体名称、热状态及运输需要控制的温度，高于或低于控制温度不能运输。
>
> （2）写明易腐商品的允许运输期限，即某种运输方式下能够保证质量的最大运输期限。
>
> （3）热状态和要求温度必须相同，即货物热状态和要求运输的温度必须相同（上限或下限差别不超过3℃）。
>
> （4）填写所要求的运输方法，注明"途中加冰""途中制冷""途中加温""不加冰运输""途中不加温"等字样。

步骤三　分析货运任务

葡萄属于易腐类货物，需要进行冷藏运输，根据低温货物运输温度表以及托运单上的要求，确定葡萄的运输温度为 -1℃~3.0℃。

步骤四　确定运输车辆

根据上述给出的运输信息，使用载重3吨左右，温度能够控制在 -1℃~3.0℃ 的冷藏车即可。

步骤五　组织装车

在葡萄装车前，首先对车辆进行检查，并设定好冷藏机温度；其次一定要严格检查、确认葡萄的包装是否合乎规范，将包装规范的葡萄以合理的装载方式装车。

> 鲜冷易腐货物装车前的注意事项：
>
> （1）监督工作人员将车辆进行清洗和消毒，按照要求设定冷藏机的温度。
>
> （2）认真检查冷藏运输车辆及设备的完好状态。
>
> （3）向托运人确认运输时限和运输过程中的注意事项，并在合同货运单中注明。
>
> （4）根据货物的特性确认堆码方法。
>
> （5）检查运输货物的包装是否符合规定，符合规定后组织装车。

步骤六　运输

运输过程中，司机或跟车人员对冷藏机温度进行严格的控制和记录。如果出现事故（包括交通事故、机械事故、冷藏机故障等），要及时报告并修复，直至货物送达目的地。

步骤七　到货交付

运输冷藏车到北京站后，通知货主前来提货，并进行票据的交付，签字确认。

 任务评价

班级			姓名			小组		
任务名称		鲜活易腐货物组织						
考核内容		评价标准		参考分值（100）	学生自评	小组互评	教师评价	考核得分
职业素养情况	1	具有良好的沟通能力		5				
	2	具有信息收集能力		5				
	3	在任务实施过程中具有较强的总结能力		10				
知识掌握情况	4	熟悉冷藏运输货物		5				
	5	熟悉冷藏车的特点		5				
	6	熟悉冷藏运输组织与管理		10				
	7	了解主要鲜活易腐商品的运输		10				
能力提升情况	8	会正确填写鲜活物品托运单		5				
	9	能够选择适宜鲜活易腐商品运输的温度		15				
	10	会选择合适鲜活易腐商品运输的车辆		10				
参与活动情况	11	积极参与任务实施		5				
	12	积极参与小组讨论		5				
	13	积极回答老师的提问		10				
小计								
合计 = 自评×20% + 互评×20% + 教师评×60%								

任务三　超限货物运输组织

任务目标

通过本任务的学习，可以达成以下目标：

(1) 了解超限货物的特点
(2) 能够描绘出超限货物运输作业流程图
(3) 能够对超限货物运输进行管理

任务发布

新疆金远物流公司与酒泉大型机械设备公司有长期的业务合作关系，大型机械设备有限公司负责人张某下达给新疆金远物流公司运输部业务经理一项大型机械设备的运输任务。此项大型机械设备总重量超过 1000 吨，并且客户一再强调设备的成品保护，要求保证成品的质量，因此，机械设备不能拆分运输，业务经理把这项运输任务交给王某去完成。

王某该如何安排这项超限货物的运输呢？

知识准备

公路运输企业所承运的某些大型货物，其体积和重量超过了普通运载工具的作业能力，对这类货物的运输被称为超限货物运输。在实际工作中，超限货物运输应遵循严格的管理规定和组织规范。

一、超限货物的定义、判别标准和分类

1. 超限货物的定义和判别标准

超限货物是指货物的外形尺寸和重量超过常规（指超长、超宽、超重、超高）车辆装载规定的大型货物（以下简称为大件）。公路方面，超限货物是指符合下列条件之一的货物：①货物外形尺寸长度在 14 米以上或宽度在 3.5 米以上或高度在 3 米以上的货物；②重量在 20 吨以上的单体货物或不可解体的成组（捆）货物。

图 5 - 3 - 1 超限货物运输

想一想

超限货物与超载货物两者有什么区别？

想一想参考答案

2. 超限货物的分类

主要介绍公路超限货物的类型。根据我国公路运输主管部门的现行规定，公路超限货物按其重量和外廓尺寸分成四个级别，如表 5 - 3 - 1 所示。在货物的重量和外廓尺寸中，有一项达到表中所列参数，即为该级别的超限货物；货物同时在重量和外廓尺寸达到两种以上等级时，按较高级别确定超限等级。其中，重量指货物的毛重，即货物的净重加上包装和支撑材料后的总重。一般以生产厂家提供的货物技术资料所标明的重量为参考数据。

表 5 - 3 - 1 公路超限货物分级

超限货物级别	重量（吨）	长度（米）	宽度（米）	高度（米）
1	40 ～（100）	14 ～（20）	3.5 ～（4）	3 ～（3.5）
2	100 ～（180）	20 ～（25）	4 ～（4.5）	3.5 ～（4）
3	180 ～（300）	25 ～（40）	4.5 ～（5.5）	4 ～（5）
4	300 以上	40 以上	5.5 以上	5 以上

注：括号内的数字表示不包括该数。

二、超限货物运输的管理

1. 超限货物运输的特殊性

（1）特殊装运要求。超限货物要用超重型挂车作为载体，用超重型牵引车牵引。超重挂车和牵引车都是用高强度钢材和大负荷轮胎制成，要求行驶平稳、安全可靠。

（2）特殊道路条件。运载超限货物的超重型车组要求通行的道路要有足够的宽度和净空、良好的道路线形，桥涵要有足够的承载能力。有时还要分段封闭交通，这就牵涉到公路管理、公安交通、电信电力、绿化环保等部门，只有在这些部门的通力合作下，超限货物运输才能顺利进行。

（3）特殊安全要求。超限货物中的许多大型设备都是涉及国家经济建设的关键设备，稍有闪失，后果不堪设想。为此，其运输必须要有严密的质量保证体系，任何一个环节都要有专职人员检查，未经检查合格，不得运行。

2. 超限货物运输的管理规定

（1）超限运输车辆行驶公路前，其承运人应向公路管理机构提出书面申请并提交相关资料和证件。

（2）公路管理机构在接到承运人的书面申请后，应在15日内进行审查并提出书面答复意见。公路管理机构在审批超限运输时，应根据实际情况，对需经路线进行勘测，选定运输路线，计算公路、桥梁的承载能力，制定通行与加固方案，并与承运人签订有关协议，所需的费用由承运人承担。

（3）公路管理机构对批准超限运输车辆行驶公路的，应签发超限运输车辆通行证（以下简称通行证）。通行证式样由国务院交通主管部门统一规定，省级公路管理机构负责统一印制和管理。

（4）承运人必须持有效通行证，并悬挂明显标志，按公路管理机构核定的时间、路线和时速行驶。

（5）超限运输车辆通过桥梁时，时速不得超过5千米，且应匀速居中行驶，严禁在桥上制动或变速。四级公路、等外公路和技术状况低于三类的桥梁，不得进行超限运输。

图5-3-2　通行证

（6）公路管理机构应加强对超限运输车辆行驶公路的现场管理，可根据实际情况派人员护送。在公路上进行超限运输的承运人，应当接受公路管理人员依法实施的监督检查，并为其提供方便。

三、超限货物运输的组织

超限货物运输的组织工作主要包括办理托运、理货、验道、制定运输方案、签订运输合同、线路运输工作组织以及运输统计与结算等环节。

图5-3-3　超限货物运输的组织流程

请扫描右侧二维码，学习超限货物运输的组织流程。

超限货物运输的组织流程

 任务实施

步骤一　办理托运

托运人张某填写货物托运单，在托运单上如实填写大型物件的名称、规格、数量、件数、件重、起运日期、收货人详细地址及运输过程中的注意事项。

步骤二　理货

接受托运后，开始理货。王某带着专业的技术人员，前去调查大型物件的几何形状和重量，通过实际测量物件的实际尺寸，计算出大型物件的重心位置和质量分布情况，查明货物承载位置以及装卸方式，查看特殊大型物件的有关技术经济资料，完成书面形式的理货报告。

步骤三　验道

王某组织超限货物运输领导小组成员并带领运输调度员、运输安全员等技术人员勘察运输线路，主要包括：掌握运输沿线全部道路的路面宽度、拐弯半径大小；路基的结实程度，能否承载大件货物的运输；各种桥的承重和宽度等；横坡检查，即通过横坡大于3%的道路，必须进行平板车的横坡校正，确保设备处于相对水平的状态；纵坡检查，即通过较大的纵坡时，对平板车进行纵坡校正，确保设备处于相对水平。经过一番仔细测量，根据上述的查验结果预测作业时间，编制运行线路图，完成验道报告。

步骤四　制定运输方案

在经过充分的研究、分析理货报告和验道报告的基础上，制定安全可靠、可行的运输方案。最终运输部门提出夜间运输的方案，并且向相关管理部门沟通，要求相关的辅助措施。

步骤五　签订运输合同

根据托运方填写的委托运输文件及承运方的理货分析、验道分析和制定的运输方案，承运双方签订书面形式的运输合同。

步骤六　线路运输工作组织

为了运输大型物件，成立临时性的大件运输工作领导小组，由领导小组负责实施运输方案，执行运输合同，随时保持与相关部门的联系，确保安全顺利完成大件货物的运输。

步骤七　运输统计与结算

完成大型物件运输工作的各项技术经济指标的统计，并依据运输合同的规定结算运费。

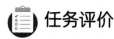 任务评价

班级		姓名		小组			
任务名称		超限货物运输组织					
考核内容		评价标准	参考分值（100）	学生自评	小组互评	教师评价	考核得分
职业素养情况	1	具有良好的沟通能力	5				
	2	具有信息收集能力	5				
	3	在任务实施过程中具有较强的总结能力	10				
知识掌握情况	4	了解大件货物的定义	5				
	5	了解大件货物的特点	5				
	6	掌握大件货物运输的作业流程	10				
	7	熟悉大件货物运输管理	10				
能力提升情况	8	能区分大件货物	15				
	9	能够组织大件货物的运输	15				
参与活动情况	10	积极参与任务实施	5				
	11	积极参与小组讨论	5				
	12	积极回答老师的提问	10				
小计							
合计 = 自评×20% + 互评×20% + 教师评×60%							

Part **Six**

项目六 **货物运输成本控制**

任务一　运输成本控制策略制定

◎ 任务目标

通过本任务的学习，可以达成以下目标：

(1) 了解运输成本的概念及构成
(2) 能够有效控制运输成本
(3) 能够寻求降低运输成本的方法措施

▶ 任务发布

北京货运中心目前有 5 条干线班车线路，终点站分别为广州、上海、成都、哈尔滨和乌鲁木齐，干线班车线路的具体信息如表 6 - 1 - 1 所示。

表 6 - 1 - 1　干线班车线路

班车线路	途经站	里程（千米）	往返时间	发车时间
北京—广州	北京、石家庄、郑州、广州	2155	4 ~ 5 天	18：30
北京—上海	北京、上海	1213	3 ~ 4 天	20：00
北京—成都	北京、太原、西安、成都	1798	4 ~ 5 天	21：00
北京—哈尔滨	北京、哈尔滨	1244	3 ~ 4 天	22：00
北京—乌鲁木齐	北京、乌鲁木齐	3165	6 ~ 7 天	23：00

作为 A 公司的运输主管，要有成本控制意识，对每条线路（尤其是干线运输业务）的运输成本进行有效的控制，提升运输业务的盈利。

🚇 知识准备

一、运输成本的概念

运输成本是指运输生产过程中发生的各项耗费的总和，即企业在获得营运收入的过程中支付的各项费用。

运输成本由两类成本构成：一种是直接运输费用，即为完成运输过程直接发生的费用；另一种是管理费用，是各项管理费用和营销费用等。

二、运输成本的构成

1. 固定成本和变动成本

（1）固定成本。固定成本是指在短期内虽不发生变化，但必须得到补偿的费用，即为维持运输营运状态所支付的费用。固定成本中包括那些不受装运量直接影响的费用。

在短时间内，与固定资产有关的费用必须按每批票货计算的变动成本来弥补；从长期来看，可以通过固定资产的买卖来降低固定成本的负担。

（2）变动成本。变动成本是指物流成本随商品流转额变动而变动的那一部分成本。

变动成本包装材料的耗用、工人的工资、能源的耗用等。因此，变动成本只有在运输工具未投入营运时才有可能避免，运输费必须至少弥补变动成本。

2. 直接成本和间接成本

（1）直接成本。直接成本是指直接计入运输生产过程的费用，如支付给营运车辆司机和助手的工资，包括司机和助手随车参与本车保养和修理作业期间的工资、工资性津贴、生产性奖金和职工福利费。

直接成本包括燃料、轮胎、养路费、折旧费、保养修理费以及与营运车辆运行直接有关的费用（行车事故损失、车辆检验费、保险费、洗车费、过桥费等）。

（2）间接成本。间接成本指企业管理费及事故损失费等，并不是运输过程的直接耗费。

间接成本包括各类成本负担的管理费用和营业费用，包括工资、职工福利费、劳动保护费、水电费、办公费、差旅费等。

3. 公共成本

公共成本是承运人代表所有的托运人或某个分市场托运人支付的费用。一般情况下是按照活动水平的数目等分摊给托运人来承担。

4. 联合成本

联合成本是指因提供某种特定的运输服务而产生的不可避免的费用。联合成本对运输收费有很大的影响，因为承运人索要的运价中必须包括隐含的联合成本，或者这种回程运输由原先的托运人来弥补。

5. 端点成本和线路成本

（1）端点成本。端点成本是在运输过程的起点与终点产生的费用，包括固定成本和与运量有关的装卸、收货、存货和发货成本。

（2）线路成本。线路成本是在运输线路上产生的费用，通常包括工资、燃油、润滑油和运输工具的维护成本。线路成本的两个重要决定性因素是运距和运量。

三、运输成本控制原则

为了有效地进行运输成本控制，必须遵循以下原则：

1. 经济原则

这里所说的"经济"是指节约，即对人力、物力和财力的节省，它是提高经济效益的核心。因此，经济原则是运输成本控制的最基本原则。

2. 全面原则

在运输成本控制中实行全面原则，具体有如下几方面的含义。

（1）全过程控制。运输成本控制不限于生产过程，而是从生产向前延伸到投资、设计，向后延伸到用户服务成本的全过程。

（2）全方位控制。运输成本控制不仅对各项费用发生的数额进行控制，还对费用发生的时间和用途加以控制，讲究运输成本开支的经济性、合理性和合法性。

（3）全员控制。运输成本控制不仅要有专职运输成本管理机构的人员参与，还要发挥广大职工群众在运输成本控制中的重要作用，使运输成本控制更加深入和有效。

3. 责、权、利相结合原则

只有切实贯彻责、权、利相结合的原则，运输成本控制才能真正发挥其效益。显然，企业管理部门在要求企业内部各部门和单位完成运输成本控制职责的同时，必须赋予其在规定的范围内有决定某项费用是否可以开支的权力。

此外，还必须定期对运输成本业绩进行评价，据此实行奖惩，以充分调动各单位和职工进行运输成本控制的积极性和主动性。

4. 目标控制原则

目标控制原则是指企业管理部门以既定的目标作为管理人力、物力、财力和各项重要经济指标的基础。运输成本控制是目标控制的一项重要内容，即以目标运输成本为依据，对企业经济活动进行约束和指导，力求以最小的运输成本获取最大的盈利。

5. 重点控制原则

所谓重点控制，简言之，就是对超出常规的关键性差异进行控制，旨在保证管理人员将精力集中于偏离标准的一些重要事项上。

重点控制原则是企业进行日常控制所采用的一种专门方法，进行运输设备（如铁路、机车、载货车、飞机等）投资决策和运营决策时，努力从这些资产中谋取最大利益。相反，厂家考虑的是如何使用合适的运输方式来降低总成本（运输、库存、信息和设施所耗费的成本），并以合适的速度对消费者需求做出反应。

四、运输成本控制策略

运输成本控制策略主要有以下几种：

1. 大量化运输

以运输规模经济为基础，以增加运输量组织物流合理化的一种做法，是通过延长备货时间来实现物流成本控制的一种手段。大量化运输策略与过去那种按体积折扣收费的做法不同，是一种增大一次物流批量折扣收费的办法，是"大量发货减少收费"和"一贯制托盘化运输协作降低费用"等激励对方的手段。这种做法因实行物流合理化而节约的金额由双方合理分享，对于物流运输活动的成本控制是特别重要的。

2. 计划化运输

计划化运输是以产销合同为基础的供货方式。主要适用于季节性较强的商品，只有以商品销量预测绝对可靠、商品在买主中占优势地位为前提，才能实现物流运输计划化。

3. 商物分离化运输

商物分离的具体做法之一是订货活动与配送活动相互分离。利用委托运输可以压缩固定费用开支，由于共同运输提高了运输效率，从而大幅度节省了运输费用。

4. 差别化运输

一种做法是根据商品周转的快慢和销售对象规模的大小，把保管场所和配送方式区别开来，即实行周转较快的商品群分散保管，周转较慢的商品群尽量集中保管的原则，以做到压缩流通阶段的库存、有效利用保管面积、库存管理简单化等。另一种做法是根据销售对象决定物流方法。对于供货量大的销售对象，每天送货；对于供货量小的销售对象集中一周配送一次等，灵活掌握配送的次数。

5. 标准化运输

这里的标准化不是一般意义上产品生产、包装等的标准化，而是销售、运输数量的批量化。在企业的实际销售中，由于对销售批量规定了订货的最低数量，明显地提高了配送效率和库存管理效率。

6. 共同化运输

运输成本控制最有效的措施是共同化，这种说法并不过分。超出单一企业物流合理化界线的物流共同化，目前正作为很有发展前途的一种方向，在进行着种种尝试。这种共同化如果从各主体之间的关系来看，分为由本行业企业组合而形成的垂直方向的共同化和与其他行业公司之间联合而形成的水平方向的共同化两类。

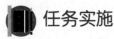 **任务实施**

步骤一　运输成本的构成及影响因素

引导问题1：物流企业的运输成本是由哪些部分构成的？影响运输成本的因素有哪些？

步骤二　运输成本控制

引导问题2：2022年4月，A公司北京—广州干线运输在现有运输计划的运作下出现问题：劳动节前夕货量较平时增多，4月28日18：30从北京始发的货车，4月29号22：00才到达郑州，在郑州集散中心卸完发往郑州的货物，装载郑州—广州的货物时发现不能将其全部装上，其中部分是公司大客户的货物。最终有部分货物比客户要求到达的时间晚了半天，尽管通过客户关系公关安抚了客户情绪，但透支的客户关系和额外支付的高额的运输成本值得深思。

2022年4月A公司北京—广州干线运输货运量数据如表6-1-2所示。

表6-1-2　2022年4月A公司货运量（北京—广州）

运输路线	2014年4月货运量（吨）	2014年4月日均货运量（吨）
北京—石家庄	103	3.4
北京—郑州	98	3.3
北京—广州	280	9.3
石家庄—郑州	50	1.7
石家庄—广州	90	3.0
郑州—广州	120	4.0

A公司北京—广州干线现有的运输计划如下：货车在北京装载发往石家庄、郑州、广州的货物，到石家庄后卸下北京—石家庄的货物，装载石家庄—郑州、石家庄—广州的货物，到郑州后卸下石家庄—郑州的货物，装载郑州—广州的货物，最终到达终点站广州。A公司对于北京—广州干线现有的运输计划如表6-1-3所示。

表6-1-3　A公司车辆运行计划（北京—广州）

时间 班车线路	周一	周二	周三	周四	周五	周六	周日
北京—广州	18：30 京B539×× 王×		18：30 京P673×× 李×强		18：30 京N786×× 耿×		

针对2022年4月底北京—广州干线运输出现的运输成本增加问题，结合2022年4月此干线运输的货运量，分析现有的北京—广州干线运输计划存在什么问题？

引导问题3：2022年4月，A公司北京—广州干线运输在现有运输计划的运作下出现问题：劳动节前夕货量较平时增多，4月28日18：30从北京始发的货车，4月29号22：00才到达郑州，在郑州集散中心卸完发往郑州的货物，装载郑州—广州的货物时发现不能将其全部装上，其中部分是公司大客户的货物，最终导致产生高额的额外运输费用。

通过对A公司北京—广州干线运输线路的分析，可以得知此条线路目前最主要的问题如下：途中经过的集散中心过多，导致发往北京—广州的货物存在延误将近1天的风险，且郑州—广州的货物在郑州集散中心存在无法全部装载的风险，最终导致公司需要协调和沟通到货延误给客户造成的影响、借调其他的运输车辆来完成郑州集散中心未装载上货物的运输，造成运输成本的增加。

针对2022年4月底北京—广州干线运输出现的问题以及对其实际情况的分析，怎样优化运输计划来降低此线路的运输成本？

请扫描右侧二维码，查看任务实施参考答案。

任务实施参考答案

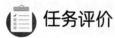 任务评价

班级			姓名			小组		
任务名称		运输成本控制策略制定						
考核内容		评价标准	参考分值（100）	学生自评	小组互评	教师评价	考核得分	
职业素养情况	1	具有良好的沟通能力	5					
	2	具有信息收集能力	5					
	3	在任务实施过程中具有较强的总结能力	10					
知识掌握情况	4	了解运输成本的概念和构成	5					
	5	了解运输成本控制的原则	5					
	6	掌握运输成本控制的策略	10					
	7	熟悉大件货物运输管理	10					
能力提升情况	8	能总结运输成本构成及影响因素	15					
	9	能够有效控制运输成本	15					
参与活动情况	10	积极参与任务实施	5					
	11	积极参与小组讨论	5					
	12	积极回答老师的提问	10					
小计								
合计 = 自评×20% + 互评×20% + 教师评×60%								

任务二　货物运输成本核算

 任务目标

通过本任务的学习，可以达成以下目标：

(1) 了解影响运输成本的因素
(2) 掌握各种运输成本的计算公式
(3) 能够对运输成本进行计算

任务发布

A 公司委托 A 运输公司负责运输一批货物，运输路线为邢台市到广州市，货物按照体积计算来进行车辆装载，总的物流量为 1995 立方米，因已在华南区广州建立了新的运输网点，A 运输公司决定承运这批货物。考虑到运输成本的控制，运营部总监要求运营部主管陈某负责此次项目，对运输货物进行成本分析及计算，并最终选择运输成本最低的运输方式为 A 公司运输该批货物。

要完成对该批货物运输成本的分析及计算，如果你是陈某，你该怎么做？

扫一扫 >>

请扫码右侧二维码，查看本任务的"案例背景及相关资料"，并根据资料中的内容完成任务要求。

案例背景及相关资料

请根据"案例背景及相关资料"中的内容，以小组为单位完成以下任务：

(1) 分析不同运输方式的运输成本；
(2) 结合相关资料，建立模型对不同运输方式的运输成本进行核算。

知识准备

一、运输成本核算的特点

与运输企业的上述生产经营特点相适应，运输在成本核算方面存在着如下几个

特点：

第一，成本计算对象的多样性。运输企业营运过程的直接结果是转移客货的空间位置以及与此相关的业务，不存在对生产对象的直接加工、生产出各种具体产品。

因而，运输企业的成本计算对象是其经营的各类业务，以及构成各类业务的具体业务项目。

另外，运输企业的运输工具及设备，由于厂牌、型号、吨位以及运行线路等不同，对成本水平会产生较大影响。

为了加强成本管理，寻求降低成本的途径，除上述各类业务作为成本计算对象外，还以运输工具及其运行情况等作为成本计算对象，这是运输企业成本计算对象的特点。

第二，成本计算方法单一。运输企业由于不涉及半成品结转，也就不存在分步骤、分批别计算成本的问题。尽管各运输业务成本计算存在不同的特点，但共同点都是直接汇集计算各业务的成本。

第三，营运成本构成中，不存在劳动对象方面的消耗。

第四，营运成本与应计入本期营业成本的费用一致，不存在在产品成本。运输企业由于营运过程和销售过程同时进行，不存在期初、期末产品，也不存在独立的销售过程，应计入本期营运成本的费用即为本期的营运成本，汇集分配后直接转入本期收益。

二、运输成本的核算

运输生产过程是物流企业经营活动的中心环节。运输活动不创造实物产品，而是提供运输劳务，使物资发生位移。对物流运输成本进行管理与核算，必须确定物流成本核算项目，做好成本核算的各项基础工作，这样才能进行物流成本的核算管理与控制。

1. 运输费用的核算与成本计算

（1）直接人工的归集与分配。物流企业直接人工的工资，每月根据工资结算表进行汇总与分配。对于有固定车辆的司机和助手的工资，直接计入各自成本计算对象的成本，对于没有固定车辆的司机和助手的工资以及后备司机和助手的工资，则需按一定标准（一般为车辆的车日）分配计入各成本计算对象的成本，计算方法如下：

每一车日的工资分配额 = 应分配的司机及助手工资总额/各车辆总车日

营运车辆应分配的工资额 = 每一车日的工资分配额 × 营运车辆总车日

（2）直接材料的归集与分配。运输过程中的直接材料损耗主要是燃料和轮胎损耗。

1）燃料。对于燃料消耗，企业应根据燃料领用凭证进行汇总与分配。但必须注意，在燃料采用满油箱制的情况下，车辆当月加油数就是当月耗用数；在燃料采用盘存制的情况下，当月燃料耗用数应按公式确定：

当月耗用数 = 月初车存数 + 本月领用数 - 月末车存数

2）轮胎。营运车辆领用轮胎内胎、垫带以及轮胎零星修补费等，一般根据轮胎领用汇总表及有关凭证，按实际数直接计入各成本计算对象的成本。

（3）其他直接费用的归集与分配。其他直接费用主要包括保养修理费、折旧费、养路费、其他费用。

1）保养修理费。物流运输企业车辆的各级保养和修理作业，分别由车队保修班和企业所属保养场（保修厂）进行。

必须注意的是，由于营运车辆大，因此修理费数额较大，且修理的间隔期也较长，为均衡损益，故一般采用预提的办法，即根据大修理费计提额预提时借记"主营业务成本——运输支出"账户，贷记"预提费用"账户，发生差异，同样要进行调整，前者大于后者为超支，应调增大修理费计提额和运输成本，反之则为节约而应予调减。

2）折旧费。物流运输企业计提固定资产折旧，可以采用平均年限法、工作量法、双倍余额递减法、年数总和法，但属车辆的固定资产折旧一般采用工作量法计提。当采用工作量法时，由于外胎费用核算有两种不同的方法，所以车辆折旧的计算也有两种方法。若采用外胎价值一次摊销计入成本的方法，在计提折旧时，外胎价值不必从车辆原值中扣减；若采用按行驶公里预提外胎费用摊入成本的方法，在计算折旧时，外胎价值就应从车辆原值中扣减，否则会出现重复摊提的现象。

3）养路费。运输企业向公路管理部门缴纳的车辆养路费，一般按货车吨位数计算缴纳。因此，企业缴纳的车辆养路费可以根据缴款凭证直接计入各成本计算对象成本及有关费用。

4）其他费用。营运车辆的公路运输管理费，一般按运输收入的规定比例计算缴纳。因此，企业缴纳的车管费可以根据交款凭证直接计入各类运输成本。

车辆牌照和检验费、车船使用税、洗车费、过桥费、轮渡费、司机途中住宿费、行车杂费等费用发生时都可以根据付款凭证直接计入各类运输成本。此外，领用随车工具及其他低值易耗品，可以根据领用凭证，一次或分资摊入各类运输成本。

（4）营运间接费用的归集与分配。运输企业所属基层营运单位（车队、车站、车场）为组织与管理营运过程中所发生的不能直接计入成本计算对象的各种间接费用，应通过"制造费用——营运间接费用"账户进行核算。企业如实行公司和站、队两级核算体制，"营运间接费用"账户应按基层营运单位设置明细账，并按费用项目进行明细核算；如实行公司集中核算体制，也可不分单位设置明细账，而直接按费用项目进行明细核算。

2. 运输成本明细账的设置与登记

运输成本是在分类（成本项目）归集运输费用的基础上计算出来的，其明细账就是按成本计算对象开设、按成本项目划分专栏的运输支出明细账。

运输支出明细账根据前述直接人工、直接材料、其他直接费用和营运间接费用等各种费用凭证或其汇总分配、计算表进行登记。

3．运输总成本和单位成本的计算

运输企业完成一定运输业务所发生的直接人工、直接材料、其他直接费用和营运间接费用等运输费用总额，组成了运输总成本。运输总成本除以运输周转量得出单位成本。其计算公式如下：

运输单位成本（元/千吨千米）＝运输总体成本÷运输周转量（千吨千米）

 任务实施

步骤一　分析运输成本的影响因素

在选用运输方式之前，运营部主管陈某需要对 A 运输公司运输成本的影响因素进行分析，主要影响因素有规模、运距和运载率三个方面。

1．规模

运输企业的规模会直接影响运输成本。通常，将大规模生产引起的节约称为"规模经济"。规模经济是指企业规模与生产成本之间的关系，当企业规模增大时，产品的平均成本下降，这种情况称为"规模经济"；当企业规模增大时，产品的平均成本不降反升，则称为"规模不经济"。

2．运距

每一种运输方式都有自己经济合理的运距范围。一般情况下，航空和海洋运输适合长距离运输；铁路和内河运输适合中长距离运输；公路在短途运输中占有优势。

3．运载率

运载率包括装载率和运输密度。装载率也称装载系数，即实际装载量与额定装载量的比值。在距离和运输密度已定的情况下，运输成本随运输设备的装载率的增加而减小，如图 6-2-1 所示。

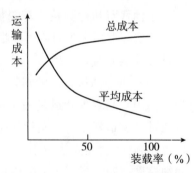

图 6-2-1　运输成本和装载率

运输的密度经济（Density Economies）的定义为：运输网内提高运输量能够导致单位运输成本的下降。密度经济也可以被描述为运输网经济（Network Economies）。

步骤二　运输成本分析计算

对运输成本影响因素分析之后，为了寻求最为经济、成本最低的运输方式，运营部主管陈某针对不同的运输方式，分析计算了此次邢台市—广州市采用公路运输货物的运输成本，具体如下：

公路运输成本包括运输费用和车辆费用。运输费用为运输所消耗的汽油费用与路桥费用之和，车辆费用包括固定费用和月固定费用、保险费等。

请扫码查看说明——公路运输成本特点及其降低成本途径。

公路运输成本特点及
其降低成本途径

为了建立计算公路运输成本的模型，陈某主管引入了如表 6 - 2 - 1 所示的变量：

表 6 - 2 - 1 公路运输成本模型变量

变量	解释
P_i	第 i 种车辆的月固定费用（元/月） 固定费用包括企业委托车主支付的养路费，企业支付给车主租车的租金以及支付给车主的工资等
R_{ib}	第 i 种车辆的保险费（元/年）
R_{ig}	第 i 种车辆的固定费用（元/年），企业为补偿汽车的折旧而支付给车主的费用
P_g	汽油价格（元/吨千米）
P_{il}	第 i 种车辆的路桥费用（元/车千米）
V	运输货物的总体积（立方米）
v_i	第 i 种车辆的载货体积（立方米）
w_i	第 i 种车辆的车辆总重量（吨）
SM_2	从邢台市到广州市的距离（千米）
k_i	每个月第 i 种车的出车次数
q_i	每次运送派出第 i 种车的数量
x_i	需要拥有第 i 种车的数量，公司最低需要拥有的车辆应该能够满足每次货运所需的车辆数，同时保证在运送车辆没有回来时，有足够的车可以满足下一次的送货
n	共有 n 种车辆
C_{12}	运输成本

则公路运输的成本为：

$$C_{12} = \sum_{i=1}^{n} x_i \left(P_i + \frac{1}{12} R_{ib} \right) + \sum_{i=1}^{n} q_i (k_i \times R_{ib} \times SM_2 + k_i \times P_g \times W_i \times SM_2 + k_i \times P_{il} \times SM_2)$$

$$(6 - 2 - 1)$$

且满足条件：

$$\sum_{i=1}^{n} v_i \times q_i \times k_i \geqslant V$$

此模型中，还用到了以下假设：①月固定费用中包括了支付给司机的工资。路桥费采用计车收费，而非计重收费。②年保险费为常数，按年计算，平均分摊到每个月。③在汽车未装满的情况下，按满车处理。④每辆车出车概率相同。一次出车送货后立刻返回，回来如果碰到送货点直接开始下次送货，无间歇时间。⑤忽略其他附加费。

具体公路运输成本计算：为了把问题简化，在模型假设的条件下做出如下规定：①运输车辆统一采用四轴125型货车，因为这种车型是运距较长时所选的车型。②忽略保险费等固定费用。

根据以上公式计算得出从邢台市到广州市公路运输成本如下：

首先根据总货物流量/每辆汽车载重体积计算，得出需要的汽车总数量：

$$1995/87.5 = 22.8 \approx 23 \ (辆)$$

其次将数据代入式（6-2-1），可得公路运输成本 C_{12} 等于 387809.427 元。

具体资料分析及计算结果如表6-2-2所示。

表6-2-2 公路运输的运输成本分析计算结果

公路运输成本	
公路运输	邢台市—广州市
运输货物总体积（立方米）	1995
公路距离（千米）	1758
汽车型号	四轴125型
汽车载重总体积（立方米）	87.5
汽车车货总重（吨）	35
月固定费用（元/月）	10348.773
固定费用（元/千米）	1.442
单位油费（元/吨千米）	1.55
路桥费（元/车/千米）	1.35
总汽车数量（辆）	23
总成本（元）	387809.427

任务评价

班级			姓名			小组		
任务名称		货物运输成本核算						

考核内容		评价标准	参考分值（100）	学生自评	小组互评	教师评价	考核得分
职业素养情况	1	具有良好的沟通能力	5				
	2	具有信息收集能力	5				
	3	在任务实施过程中具有较强的总结能力	10				
知识掌握情况	4	了解运输成本核算的特点	15				
	5	掌握运输成本核算的方法	15				
能力提升情况	6	能分析运输成本的影响因素	15				
	7	能够对运输成本分析计算	15				
参与活动情况	8	积极参与任务实施	5				
	9	积极参与小组讨论	5				
	10	积极回答老师的提问	10				
小计							
合计＝自评×20％＋互评×20％＋教师评×60％							

Part **Seven**

项目七 **运输服务绩效评价**

任务一　运输服务绩效管理及评价

🎯 任务目标

通过本任务的学习，可以达成以下目标：

(1) 了解运输绩效服务管理的含义、原则

(2) 掌握运输绩效评价的含义

(3) 掌握运输绩效评价体系的构成

📄 任务发布

从物流的角度分析，运输服务是所有物流活动或供应链过程的产物，运输服务水平是衡量物流系统为货主创造时间和空间效应能力的尺度。运输服务水平决定了企业能否留住现有货主及吸引新货主的能力，且直接影响企业所占市场份额和物流总成本，并最终影响其盈利能力。

基层运输管理人员是物流运输服务的直接提供者，管理运输服务绩效是其主要工作内容之一。对运输活动或运输过程进行绩效评价，掌握运输活动的进展情况、任务完成情况、成本与效益等情况，是合格的业务管理人员必须具备的一项管理技能。

🚇 知识准备

一、物流运输绩效管理

1. 运输绩效管理的含义

运输服务绩效管理主要是指对运输活动或运输过程的绩效管理，这里的运输活动不限于运输企业的运输活动，还可以是其他企业的运输活动。运输服务绩效管理是管理运输活动的整个过程，也就是围绕组织的战略目标，对一定时期内运输活动的集货、分配、搬运、中转、装卸、分散等环节进行绩效管理，从而实现整个运输活动目标的过程。

2. 运输绩效管理的原则

运输绩效管理遵循以下原则：①管理结果和管理过程相结合；②"管理过去"与"管理未来"相结合；③短期目标与长期发展相结合；④个体行为和团队合作相结合。

3．运输绩效管理的特点

在企业内部，绩效管理是整个管理系统中的一个子系统，其特点主要表现在以下四方面：①绩效管理的整体性；②绩效管理的目的性；③绩效管理的环境适应性；④绩效管理的动态控制性。

物流运输绩效管理与一般的绩效管理一样，具有以上的特点，只是这里的物流运输绩效更具有针对性，管理对象更为具体，它主要是对物流运输活动或过程进行绩效管理。

二、物流运输绩效评价

1．运输绩效评价的含义

所谓运输绩效评价，是指对运输活动或运输过程的绩效评价，它一般是基于统一的评价标准，采用一定的指标体系，按照一定的程序，运用定性和定量相结合的方法，对一定时期内运输活动或过程的效益和效率做出的综合判断。运输绩效评价是运输企业及其他相关企业进行绩效管理的主要环节，是管理者了解运输活动效果的基本手段，也是加强企业管理的一种方法。

2．运输绩效评价体系的构成

运输绩效评价体系作为企业绩效管理系统的子系统，也是企业管理控制系统的一部分。为保证绩效评价的效果，应该建立科学合理的绩效评价体系。有效的运输绩效评价体系应包括以下相互联系、相互影响的内容：

（1）评价对象。它主要说明对谁进行绩效评价。运输绩效评价对象主要是指企业的运输活动或运输过程，一般包括集货、分配、搬运、中转、装卸、分散等作业活动。这些活动在实际中还会涉及运输活动计划、目标、相关组织与人员以及相关的环境条件等。

（2）评价组织。评价组织是负责领导、组织所有评价活动的机构，其构成情况及能力大小将直接影响到绩效评价活动的顺利实施及效果。它一般由企业有关部门负责人组成，有时也邀请其他有关专家参与。

（3）评价目标。它被用来指导整个绩效评价工作，一般根据运输绩效管理目标、企业实际状况以及发展目标来确定。评价目标是否明确、具体和符合实际，关系到整个评价工作的方向是否正确。

（4）评价原则。评价原则就是实际评价工作中应坚持的一些基本原则，如客观公正、突出重点、建立完善的指标体系等，它会影响到评价工作能否顺利开展及评价效果。

（5）评价内容。它说明了应该从哪些方面对运输绩效进行评价，反映了评价工作的范围，一般包括运输成本、运输能力、服务质量、作业效率、客户满意度等。

（6）评价标准。这是用来考核评价对象绩效的基准，也是设立评价指标的依据。

评价指标主要有三个来源：一是历史标准，就是以企业运输活动过去的绩效作为评价标准；二是标杆标准，就是将行业中优秀企业运输活动的绩效水平作为标准，以此来判断本企业的市场竞争力和自己在市场中的地位；三是客户标准，即按照客户的要求设立的绩效标准，以此来判断满足客户要求的程度以及与客户关系紧密程度。

（7）评价指标体系。评价指标体系就是评价运输活动的具体指标及其体系。运输绩效指标可以按照运输量、运输服务质量、运输效率以及运输成本与效益等方面来分别设立。

（8）评价方法。它是依据评价指标和评价标准以及评价目标、实施费用、评价效果等因素来判断运输绩效的具体手段。评价方法及其应用正确与否，将会影响到评价结论是否正确。通常用的评价方法有专家评价法、层次分析法、模糊综合评价法等。

（9）评价报告。这是评价工作实施过程最后所形成的结论性文件以及相关材料，内容包括对评价对象绩效优劣的结论、存在问题及其原因分析等。

请扫描右侧二维码，学习运输绩效评价的步骤。

运输绩效评价的步骤

 任务实施

步骤一　物流运输绩效管理

引导问题1：请总结运输绩效管理的原则和特点。

步骤二　物流运输绩效评价

引导问题2：请简述运输绩效评价体系的构成内容。

请扫描右侧二维码，查看任务实施参考答案。

任务实施参考答案

 任务评价

班级			姓名			小组		
任务名称		运输服务绩效管理及评价						
考核内容		评价标准	参考分值（100）	学生自评	小组互评	教师评价	考核得分	
职业素养情况	1	具有良好的沟通能力	5					
	2	具有信息收集能力	5					
	3	在任务实施过程中具有较强的总结能力	10					
知识掌握情况	4	了解运输绩效管理的含义及原则	5					
	5	掌握运输绩效管理的特点	5					
	6	了解运输绩效评价的概念	10					
	7	掌握运输绩效评价的步骤	10					
能力提升情况	8	能够总结运输绩效管理的原则及特点	15					
	9	能够总结运输绩效评价体系的构成	15					
参与活动情况	10	积极参与任务实施	5					
	11	积极参与小组讨论	5					
	12	积极回答老师提问	10					
小计								
合计＝自评×20%＋互评×20%＋教师评×60%								

任务二 运输绩效评价指标体系建立

🎯 任务目标

通过本任务的学习，可以达成以下目标：

(1) 了解运输绩效评价指标的含义
(2) 掌握运输绩效评价指标包含的内容
(3) 能够制定运输绩效评价指标

📋 任务发布

新疆某运输公司主营国内普货公路零担业务，暂不接受禁运品、特种货物及长大、笨重货物的运输业务，可以为客户提供站到站、门到门以及门到站等多样的货物运输服务。

运输主管需要确定 KPI 考核指标，制定 KPI 考核标准，汇总各种运营数据进行 KPI 考核。同时，根据 KPI 考核结果进行分析，汇总存在的问题，制定整改计划并进行反馈。

(1) 运输主管确定 KPI 考核指标，制定考核标准。
(2) 运输主管收集数据计算 KPI 指标，进行考核。

📚 知识准备

一、运输绩效评价指标

运输绩效评价指标是运输绩效评价内容的载体，也是运输绩效评价内容的外在表现。评价指标是实施绩效评价的基础，任何评价行为都要运用一定的指标来进行，物流经营绩效取决于诸多因素，具有综合性特征。一般情况下，单一的指标难以全面反映情况，因而实施绩效评价必须构建一个反映经营绩效各个侧面的由一系列相关指标组成的评价指标体系。

二、选择运输绩效评价指标的原则

1. 目的性原则

绩效指标的选择应该体现企业整体经济效益的目的以及运输绩效评价的目的，也就是说，所选指标要能够科学合理地评价运输活动的作业过程、投入、产出与成本费用等客观情况。

2．系统性原则

运输绩效会受到来自人、财、物、信息、服务水平等各种因素及其组合效果的影响，因此选择绩效评价指标不能只考虑某一单项因素，必须系统地、全面地考虑所有影响运输绩效的因素，从中抓住主要因素，保证评价的全面性和可信度。

3．可操作性原则

所选择的评价指标，要尽量含义清晰，简单规范，操作简便，数量相当；同时，能够与现有统计资料、财务报表兼容。这样就可以提高实际评估的可操作性，提高工作效率，易于被人们接受。

4．层次性原则

选择评价指标以及确定指标体系要有层次性，这样便于确定每层重点，有利于进行关键指标分析、评价方法的运用以及绩效评价的具体操作。

5．目标导向性原则

选择绩效评价指标目的不仅仅是为了评出名次和优劣，更重要的是发挥出它正确的目标导向作用，即引导和鼓励企业按市场需求组织运输活动，提高管理水平，降低成本费用，提高经济效益。

6．定性指标与定量指标相结合的原则

运输活动的评价指标既包括技术经济指标，又包括社会环境指标，前者易于通过定量数值表示，但后者诸如安全、快速、舒适、便利等方面，却很难用量化的数值表示。要使得评价更具有全面性、客观性，就应该使定量指标与定性指标相结合，这样可以利用两者的优势，弥补双方的不足。

7．绝对指标与相对指标相结合的原则

绝对指标可以反映运输活动的规模和总量，相对指标可以反映运输活动在某些方面的强度或性能，两者结合起来使用才能够全面地描述运输绩效的特性。

8．责权利相结合的原则

绩效评价的目的是改善绩效，而不是为评价而评价。绩效指标必须与有关部门和人员联系起来，指标评价的结果能够与责任人、责任单位的利益挂钩。因此，在绩效评价指标体系设计时，应明确各项绩效指标的考评对象及其结果的责任归属。

三、运输绩效评价指标体系

一般来说，运输绩效评价指标体系可以由货物运输量、运输效率、运输质量、运输成本与效益等方面的指标组成。

1．货物运输量指标

货物运输量可以以实物量（吨）为计量单位进行衡量，也可以以金额为计量单位进行衡量。货物运输量指标可以用两种方法来表示：

（1）以实物为计量单位的指标。公式如下：

$$货物运输量 = \frac{商品件数}{1000}$$

（2）以金额为计量单位的指标。公式如下：

$$货物运输量 = \frac{运输货物总金额}{该类商品每吨平均金额}$$

2．运输效率指标

运输效率指标主要指的是车（船）利用效率指标。可以从多个方面（如时间、速度、里程及载重量等）反映运输工具的利用率，这里仅简要介绍以下几种。

（1）时间利用指标。时间利用指标主要包括车辆工作率与车辆完好率。车辆工作率是指一定时期内运营车辆总天数（时数）中工作天数（时数）所占的比重；车辆完好率则是一定时期内运营车辆总天数中车辆技术状况完好天数所占的比重。

$$车辆工作率 = \frac{计算期运营车辆工作总天数}{同期运营车辆总天数} \times 100\%$$

$$车辆完好率 = \frac{计算期运营车辆完好总天数}{同期运营车辆总天数} \times 100\%$$

（2）载重量利用程度指标。反映车辆载重量利用程度的指标是吨位利用率和实载率。吨位利用率一般按照一定时期内全部营运车辆载重行程载重量的利用程度来计算。载重行程载重量亦称为重车吨位千米。

$$吨位利用率 = \frac{计算期完成货物周转量}{同期载重行程载重量} \times 100\%$$

$$实载率 = \frac{计算期完成货物周转量}{同期总行程载重量} \times 100\%$$

（3）里程利用率。里程利用率是指一定时期车辆的总行程中载重行程所占的比重，反映了车辆的实载和空载程度，它可以被用来评价运输组织管理的水平高低。

$$里程利用率 = \frac{载重行驶里程}{车辆总行驶里程} \times 100\%$$

3．运输质量指标

运输质量可以从许多方面进行衡量，本书从安全性、可靠性、可达性、一票运输率以及意见处理率等方面选择衡量运输质量的指标。

请扫描右侧二维码，学习运输质量指标。

运输质量指标

4．运输成本与效益指标

（1）燃料消耗指标。燃料消耗是运输费用中的重要支出，评价燃料消耗的指标主要有单位实际油耗、燃料消耗定额比。燃料消耗量定额比反映驾驶人员消耗燃料是否合理，可以促进企业加强对燃料消耗的管理。

$$单位实际油耗 = \frac{报告期实际油耗}{报告期运输吨千米数/100} \times 100\%$$

$$燃料消耗定额比 = \frac{百公里燃料实耗量}{百公里燃料定额量} \times 100\%$$

（2）单位运输费用。单位运输费用指标可被用来评价运输作业效益高低以及综合管理水平。运输费用主要包括：燃料、各种配件、养路、工资、修理、折旧及其他费用支出。货物周转量是运输作业的工作量，它是车辆完成的各种货物的货运量与其相应运输距离乘积之和。

$$单位运输费用 = \frac{运输费用总额}{报告期货物总周转量} \times 100\%$$

（3）运输费用效益。它是指单位运输费用支出额所带来的盈利额。

$$运输费用效益 = \frac{经营盈利额}{运输费用支出额} \times 100\%$$

（4）单车（船）经济收益。它是单车（船）运营收入中扣除成本后的净收益。

$$单车船经济收益 = 单车船运营总收入 - 单车船成本合计$$

上式计算结果为正值，则说明车辆运营是盈利的；计算结果为负值，则说明是亏损的。

（5）社会效益。它主要衡量运输活动对环境污染的程度以及对城市交通的影响程度等。鉴于目前对运输项目的社会评价着重于宏观评价，且环境评价的指标过于专业，所以在这里我们可以更多地从定性的角度对企业具体的运输活动进行评价，如运输活动中是否采用清洁能源的车辆、运输时间是否考虑避开城市交通高峰等。

请扫描右侧二维码，查看案例——某企业运输 KPI。

某企业运输KPI

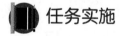 任务实施

步骤一 运输绩效评价指标

引导问题 1： 请简述运输评价指标的含义以及运输绩效评价指标的选择原则？

步骤二 运输绩效考核指标计算

引导问题2：B物流公司关键绩效指标如表7-2-1所示。

表7-2-1 B物流公司KPI

序号	质量指标	考核周期	指标定义/公式	目标值
1	丢失率	月/季/年度	$\frac{丢失件数(件)}{总件数(万件)} \times 100\%$	丢失率（%）≤0.002%
2	破损率	月/季/年度	$\frac{破损件数(件)}{总件数(万件)} \times 100\%$	破损率（%）≤0.03%
3	票准时率	月/季/年度	$\frac{及时票数(万票)}{总票数(万票)} \times 100\%$	票准时率（%）≥96%
4	差错率	月/季/年度	$\frac{差错件数(件)}{总件数(万件)} \times 100\%$	差错率（%）≤0.16%

根据考核要求，收集并汇总所需的相关数据，得到6月B物流集团基础运营数据，如表7-2-2所示。

表7-2-2 6月B物流集团基础运营数据

单位	时间段	总件数（万件）	票数（万票）	重量（吨）	丢失件数（件）	破损件数（件）	及时票数（万票）	差错件数（件）
集团	6月	63884	62913	2867	1	38	59273	36

根据相关数据完成B物流集团KPI的计算。

 请扫描右侧二维码，查看任务实施参考答案。

任务实施参考答案

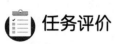 任务评价

班级			姓名			小组		
任务名称		运输绩效评价指标体系的建立						
考核内容		评价标准	参考分值（100）	学生自评	小组互评	教师评价	考核得分	
职业素养情况	1	具有良好的沟通能力	5					
	2	具有信息收集能力	5					
	3	在任务实施过程中具有较强的总结能力	10					
知识掌握情况	4	了解运输绩效评价指标的含义	10					
	5	掌握运输绩效评价指标选择的原则	10					
	6	掌握运输绩效评价指标的内容	10					
能力提升情况	7	能够读懂运输绩效评价指标的测评结果	15					
	8	能够计算运输绩效考核指标	15					
参与活动情况	9	积极参与任务实施	5					
	10	积极参与小组讨论	5					
	11	积极回答老师的提问	10					
小计								
合计＝自评×20%＋互评×20%＋教师评×60%								

Part **Eight**

项目八　公路运输经营模式创新

任务一 货运平台模式

任务目标

通过本任务的学习，可以达成以下目标：

(1) 了解货运网络平台的发展阶段
(2) 了解专线整合平台——卡行天下
(3) 了解传化公路港的运作模式

任务发布

随着移动互联网技术的普及，共享经济理念的盛行，单个运输企业内部的成本与效率已经优化到一定程度，而企业之间的协同效率却有待提高。我国公路货运中普遍存在的车辆利用率问题、运费结算问题、单货交接标准问题、零担货物配载问题，直接导致物流效率低下、物流成本高昂。我国物流企业通过技术创新、管理创新、组织创新，整合优化物流资源，电商、零担、快递等相互渗透，新的商业模式不断涌现。本任务我们一起了解公路运输货运平台模式。

知识准备

一、货运网络平台的发展阶段

货运网络平台发展一般要经过三个阶段：联盟阶段、网络阶段和平台阶段。

1. 联盟阶段

网络平台的联盟以专线联盟或区域公司联盟为主，目前处于这一阶段的平台公司非常多。在联盟阶段，成员之间会有简单的运输交易，也就是相互换货、共同销售。比联盟销售更进一步的，就是有信息系统支持的交易，很多联盟统一到一个信息系统时，由于每家公司使用的系统不同，因此会出现排斥，这是联盟阶段的特征。

2. 网络阶段

在单点线路配置和信息统一完成之后，就会进入网络化阶段，从单点配置到多点复制是网络化的基础。信息系统需要从简单的专线使用变成支持跨联盟交易，整个信息上下游全部打通，必须升级信息系统。在并网的过程中形成网络，所有的成员使用相同的系统，系统可以自主选择在网络里交易的成员，支持跨联盟、跨区域交易。当一个成员或者一个加盟网点发货时，货物订单可以跨联盟、跨公司协同运作，对客户而言，货运服务却是一体化的。网络化可以实现专线货物到枢纽站点的共同配送，统一对接一个标准的配送网络，可以有效地降低配送成本。

3．平台阶段

平台跟网络不同，平台更注重生态环境。从接单开始到装车、发车、在途，客户、上下游平台成员可以共享所有数据，平台上积累的数据结果就是时效排名、价格排名、质量排名、服务评价等。银行根据专线的运营数据以及交易数据，能够按照固定的比例配置货款，平台因此可以延长应收货款结款周期，进而吸引更多的客户。

　　请扫描右侧二维码，阅读《新疆地区网络货运平台——无车承运人资质办理》

新疆地区网络货运平台——无车承运人资质办理

二、专线整合平台——卡行天下

　　公路运输平台主要分为公路货运自营型和公路货运平台型，公路货运自营型是指货运企业自身参与并从事一系列货运活动，公路货运平台型是指经营公路货运平台的主体自身不从事或从事很少一部分货运活动，主要为入驻的货运及相关企业群体服务。

　　卡行天下商业运作模式如图 8-1-1 所示。

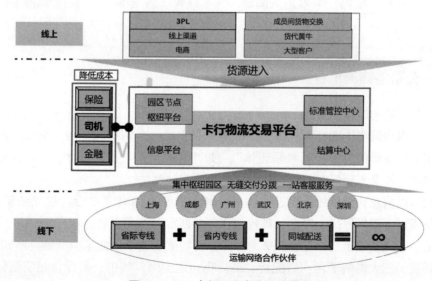

图 8-1-1　卡行天下商业运作模式

卡行天下的优势有以下几个方面。

一是创造共同的物流品牌。卡行天下的商业模式是一种自下而上的整合，首先线路独家运营、共享服务品牌，其次打造产品品牌、执行服务标准，最后发展合作伙伴、销售服务产品。卡行天下就是要把众多个体的、分散的、小规模的货运企业整合起来，形成一个统一的品牌。

二是建立统一的信息平台。卡行天下致力于把供应链管理体系引向标准化、信息化、集约化，运用领先的物流信息管理平台，把生产企业、物流企业、区域配送及货运代理企业进行完美的连接，按不同企业的需求串联起来，用同一信息系统把信息流、货物流、现金流在同一信息平台上管理实施，通过在成员中推行标准化运营服务，使物流产品能够达到一个统一的标准，从而对客户的需求和运营资源进行完美的整合。

三是建设点线结合的模式。卡行天下以枢纽园区为网络节点，选取最优秀的专线公司加盟，形成点和线的网络搭建，省内外实现无缝对接，完美实现公路运输整合与运输节点管理。

四是制定规范的操作标准。卡行天下打造的是一个品牌共享、标准统一、整合销售的"标准化专线商城"，公司理念是"只做标准物流"。通过标准化管理和信息技术打造的产品，将千千万万不标准的小专线打造成大网络，给整个专线行业带来全新的标准体系和组织模式；通过输出品牌和管理，带动中小专线企业的服务水平、盈利能力的提高，最终形成一个共生多赢的商业生态系统。

请扫描右侧二维码，学习拓展阅读——卡行天下的基本情况。

卡行天下的基本情况

三、公路港物流平台——传化公路港

传化公路港的运作模式如下：

首先，以构筑实体平台为载体，将物流企业和社会车辆纳入平台，形成一个分工明确、组织化运作的大型物流"联盟体"，使"物流企业创业发展难、工商企业物流业务外包难、社会车辆停车配货难"等问题得到有效解决。

其次，以信息化为依托，通过实体平台和虚拟平台的有效结合，建立诚信体系，为物流供需双方提供便捷、安全、高效的"车货匹配"交易平台。

最后，在此基础上，以综合服务为保障，为物流企业、社会车辆提供一站式服务。公路港搭建了三大网络平台：易配货、易货嘀和运宝网。其中，易配货是物流信息交易平台，打造以配货为功能核心、以支付为盈利点、以增值服务扩展功能的全国运力平台，是长途司机服务第一入口。易货嘀为同城货车店招平台，改善中国物流运输

"最后一公里"的效率和体验。运宝网则连接货主、承运人、实体平台，提高物流效率、降低物流成本和提升物流服务体验，构建物流生态圈。目前，这三个平台上注册的司机会员达 70 万人，开店会员即物流企业有 2400 家，发货社区运宝网运单流量超过 300 亿件，实现"人、车、货"高效对接。

公路港的盈利模式清晰，包括司机会员年费、竞价排名广告费、撮合交易提成、运单保险、小额贷款；团购收益包括保险团购、卡车团购、加油卡团购等；大数据增值盈利包括优化配载服务、运价指数应用、物流企业征信应用等。

请扫描右侧二维码，学习拓展阅读——传化智联：天网＋地网，描绘物流新场景。

传化智联：天网+地网，描绘物流新场景

 任务实施

步骤一　货运网络平台的发展阶段

引导问题 1：货运网络平台发展一般要经过哪些阶段？每个阶段的特征是什么？

步骤二　货运平台模式

引导问题 2：请总结卡行天下运作模式的优势？

引导问题3：请简述传化公路港的运作模式？

....

....

....

....

....

请扫描右侧二维码，查看任务实施参考答案。

任务实施参考答案

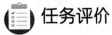 任务评价

班级		姓名			小组		
任务名称	货运平台模式						
考核内容		评价标准	参考分值（100）	学生自评	小组互评	教师评价	考核得分
职业素养情况	1	具有良好的沟通能力	5				
	2	具有信息收集能力	5				
	3	在任务实施过程中具有较强的总结能力	10				
知识掌握情况	4	了解货运网络平台的发展阶段	10				
	5	了解卡行天下的平台模式	10				
	6	了解传化公路港的平台模式	10				
能力提升情况	7	能总结卡行天下模式的优势	15				
	8	能够总结公路港的运作模式	15				
参与活动情况	9	积极参与任务实施	5				
	10	积极参与小组讨论	5				
	11	积极回答老师的提问	10				
小计							
合计 = 自评×20% + 互评×20% + 教师评×60%							

任务二 货运加盟模式

 任务目标

通过本任务的学习，可以达成以下目标：

(1) 了解天地华宇特许经营模式
(2) 了解德邦物流事业合伙人制度

任务发布

传统物流企业近年来面临市场竞争加剧、行业整合洗牌、互联网冲击等压力，而电商崛起引发的物流需求更是给行业带来挑战和机遇，迫使各大物流企业尝试转变经营模式，通过诸如特许经营、加盟连锁等方式加速扩张。2015 年，零担物流巨头天地华宇、德邦物流开始布局加盟模式，虽然都在提倡加盟，但零担物流与快递企业的加盟模式不同，在细节运作上有所区别。

知识准备

一、特许经营模式——天地华宇

请扫描右侧二维码，学习拓展阅读——天地华宇的基本
情况。

天地华宇的基本情况

顺应电商物流日益强烈的需求趋势，天地华宇的网络以区域核心的直营店为中心，辐射区域周边的特许经营店。依托强大的股东背景、全国性网络、运输队、高端零担服务定日达等过硬的实力，并以品牌溢价为支撑提供良好的商业信誉等优势，天地华宇正通过特许经营开拓网络覆盖的宽度及深度。天地华宇的特许经营，是与直营并存的模式，这种创新的混合模式是由天地华宇首创的。

不仅仅是天地华宇，一向采用直营模式的佳吉快运也开放了特许加盟。在业内人士看来，这些物流公司经过数年发展，目前在一线城市已经牢牢扎根，并且不断深耕，

而在二、三线城市，其布局偏弱，二、三线门店的放开不仅是其对自身服务的延伸，也是换一种方式在对品牌进行宣传。此外，开放平台还可以缓解企业扩展带来的资金成本压力与现金压力，增加部分线路的货量，带来运力的满载和运力的扩张，实现运力的规模化。

开放加盟对物流企业会带来新的挑战和影响，主要体现在三个方面：①增加管理难度；②品牌价值或出现降低；③核心技术、管理模式或出现流失。值得一提的是，目前诸多加盟模式的发展，更多放开的是门店、揽货和到货服务，并未涉及放开线路的所有权和运营的所有权。这就意味着线路涉及的诸多利益、运力、枢纽的转运等还是掌握在企业手中。

龙头快运企业陆续开放加盟，将对行业里原有加盟模式的企业带来冲击。一方面，将压缩原本就是加盟模式企业的市场份额，直营物流企业一般信誉度较高，在其发展特许经营初期，具有较大优势；另一方面，或进一步加剧价格战，特许加盟模式能够降低快递企业的运营成本，不排除其出现降价可能。降价将对原本就是加盟模式、走低价路线的企业造成较大压力。

二、事业合伙人制度——德邦物流

请扫描右侧二维码，学习拓展阅读——德邦物流的基本情况。

德邦物流的基本情况

2013年底德邦正式上线快递业务，明确定位于3～60千克的大件快递，且保证能送货上楼，其与老牌快递巨头的另一个差异点在于服务，德邦快递员会在收货时主动询问客户是否需要加固包裹，在送货时则会先用随身携带的毛巾把包裹擦干净，再递给客户。在当时的快递市场，德邦快递在网点数量、覆盖率等关键指标上与竞争对手相比仍有不小差距。

2015年8月，公司推出"德邦事业合伙人计划"。这项计划是以德邦快递为主导，以"蓝色梦想，创业在德邦"为理念，推出的面向员工、员工亲朋及社会意向合作者的全新创业模式。根据事业合伙人计划的战略部署，德邦将长远目光聚焦在目前网络暂未覆盖的中高潜力区域上，开放快递以及部分区域的快运双业务，以期实现互利共赢。德邦"事业合伙人"的模式创新，是基于对市场变化及客户需求的全新解读，全面响应政府"大众创业，万众创新"号召，通过德邦这个平台，让事业合伙人各展所长、各取所需，并进行正规、专业的培训管理，进而构建一个巨大快递物流生态圈。

为了计划的顺利实施，德邦推出创业无忧支持，主动为事业合伙人提供三大支持：金融支持，德邦为合伙人提供贷款等全方位的创业资金支持；培训支持，从理论与实际操作进行免费的、最专业的培训支持；装修支持，提供多种门店装修标准及施工支持。

德邦"事业合伙人"制度不是一般的加盟制。德邦招募事业合伙人是一种经营模式的创新与变革，也是德邦灵活的企业战略和经营方式的体现。稳健的直营模式再加上灵活的事业合伙人模式，不仅可以帮助德邦在保证服务品质的同时继续领跑市场，而且可以快速满足客户对于物流高效、精准的诉求，从而实现双赢。

随着行业的不断规范，市场竞争环境更加良性，直营加事业合伙人的组合能更快速适应当前国内的互联网经济时代。当前快递市场，并不是"大鱼吃小鱼"的时代，而是快鱼共同协作实现共赢的时代，通过德邦直营网点的骨干，带动遍布千县万村的点，为消费者提供一张"网"的服务，最终实现与事业合伙人的共赢。

传统物流企业推出特许经营，同时也面临风险和考验：一是管理上能否达到统一标准，如果分店做得不好，可能会影响公司的口碑和形象；二是地方经销商做大后，容易产生脱离公司管理的倾向等。

 任务实施

步骤一　特许经营模式

引导问题1：请总结天地华宇在推行特许经营模式时所面临的挑战？

步骤二　事业合伙人制度

引导问题2：请总结德邦物流在推行事业合伙人制度时所面临的挑战？

请扫描右侧二维码，查看任务实施参考答案。

任务实施参考答案

 任务评价

班级			姓名		小组			
任务名称		货运加盟模式						
考核内容		评价标准	参考分值（100）	学生自评	小组互评	教师评价	考核得分	
职业素养情况	1	具有良好的沟通能力	5					
	2	具有信息收集能力	5					
	3	在任务实施过程中具有较强的总结能力	10					
知识掌握情况	4	了解特许经营模式的内涵	15					
	5	了解事业合伙人制度的内涵	15					
能力提升情况	6	能总结天地华宇在推行特许经营模式时面临的挑战	15					
	7	能总结德邦物流在推行事业合伙人制度过程中面临的挑战	15					
参与活动情况	8	积极参与任务实施	5					
	9	积极参与小组讨论	5					
	10	积极回答老师的提问	10					
小计								
合计 = 自评×20% + 互评×20% + 教师评×60%								

任务三 "互联网+物流"模式

◎ 任务目标

通过本任务的学习，可以达成以下目标：

> (1) 了解众包物流的基本概念和面临的难点
> (2) 了解货运APP的主要类型及面临的问题

▣ 任务发布

"十二五"时期，国务院出台"互联网+"行动指导意见，云计算、大数据、物联网等信息技术与传统物流业态深度融合，带来物流领域的深刻变革。云计算服务为广大中小企业信息化建设带来福音，嵌入物联网技术的物流设施设备快速发展，车联网技术从传统的车辆定位向车队管理、车辆维修、智能调度、金融服务延伸，大数据分析帮助快递企业预测运力需求，缓解"双十一"等高峰时期的爆仓问题。2015年，由菜鸟网络牵头，国内主流快递企业全部普及使用电子面单，快递基础业务的信息化管理水平进一步提升。

▦ 知识准备

一、众包物流

请扫描右侧二维码，学习拓展阅读——众包物流的兴起。

众包物流的兴起

1. 众包物流的基本含义

众包物流最早由共享出行模式鼻祖Uber推出，Uber认为互联网专车的运输对象不应仅局限于乘客，应将物流也纳入业务范畴以内。所谓众包物流，就是将原本需要职业快递员完成的工作，转交给大众群体来完成配送。其业务场景是通过众包平台联系众包配送员以及发件人，发件人通过手机APP终端发布订单，并写明地址、联系方式、货品名称等信息，众包配送员可通过抢单并最终完成整个物流链来获得报酬。

众包物流跟基于传统电商而起的 C2C 物流或 B2C 物流在时效要求上有很大不同。所有涉及众包物流的创业公司都非常强调配送效率。比如，人人快递宣称以最快速度"解决'最后一公里'的配送难题"，达达快送致力于快速解决"本地商户的最后 3 千米配送"，京东到家承诺 3 千米之内"实现 2 小时快速送达"；等等。

众包物流是共享经济的产物，比较有代表性的是同城众包，如达达快送、京东众包等众包物流企业。从市场份额来看，目前市场份额最大的为达达快送。达达快送成立于 2014 年 6 月，随着饿了么、美团等 O2O 外卖市场的兴起而高速发展，达达快送采用众包模式为商家提供第三方配送服务，将订单从商家送到用户手中。众包物流模式成本低，可复制性强，正处于野蛮生长的状态。2015 年有的企业自建配送队伍，如"风先生"，也有把每个人都变成快递员的达达快送、人人快递，同时还有 O2O 大公司的陆续入场，如饿了么蜂鸟众包、京东众包、美团众包等。除了针对同城短距离间的外卖、生鲜、日化用品等品类的高频配送，众包物流模式现在也被越来越多地用在同城货运（包括大件货品，如上门搬家、建材运送等）和跨区域长途货运上，如试图打造同城货运供应链的云鸟配送。

2. 众包物流发展面临的难点

目前来看，众包物流的主要问题是信息不完整、服务缺乏标准化、资源浪费严重、效率低下等。众包物流的未来看似可观，但它所需要的大数据运算以及风险控制能力目前并没有一个有效的解决方案。火热一时的人人快递，因违反法规以及容易泄露用户信息等问题，多地快递业务被叫停。众包物流的发展之路，也需要遵守法律法规中的规定。

从监管方面来看，快递人员从业资格门槛太低，资质参差不齐。绝大多数众包物流平台对于兼职快递人员，仅仅只是要求有一部智能手机、年满 18 岁、时间自由即可，培训后上岗并不能很好地保证物流过程中的服务质量。同时，由于兼职快递人员人数众多、不固定、位置分散、没有合同的约束等问题，非常不利于统一管理，配送力的持续性无法得到保障。另外，面对没有统一着装和专门车辆的快递人，安全方面存在隐患。众包物流模式由于监管力度不足，一些混迹其中的不法分子完全有可能卷走贵重的快件跑路，甚至在上门送货的同时对收件人造成伤害。诸如此类的问题会导致整个行业体系的混乱。

从企业管理方面来看，众包物流在运行中可能出现如下问题。第一，企业虽然可以利用一部分闲置的人力资源来进行快递配送，但是却没有做到合理配置。物流件轻重不一，配送要求也不相同，这样对于配送人员来说有失公平，容易流失配送的人力资源。第二，面对任务不同的物流件，也可能产生配送人员"挑货"的现象，长此以往就会失去客户。第三，闲置人力资源并没有一定的标准性，如果在一个空白时间段内顾客的需求没有被满足的话，如何补救也是需要企业提前做好制度防范的。因此，众包模式虽然比较理想，但实施起来仍然有一定难度，处理好运行中的监管、安全、法律法规以及诚信体系等问题是各大平台亟须努力的方向。

企业实践推行众包计划

　　请扫描右侧二维码，学习拓展阅读——企业实践推行众包计划。

二、货运 APP

1. 货运 APP 的产生背景

　　交通运输部最新数据显示，物流行业有 700 多万户小微物流公司和 2000 多万货运司机，由于信息不对称，每年有高达 600 多亿元的信息费支出，大量时间浪费在等货、配货上，并且回程空放严重，车辆有效利用率不足 50%。

　　目前充斥市场的 200 多款货运 APP 的涌现似乎为国内车货匹配的顽疾开出一味良药。与此同时，货运 APP 的盛行在一定程度上预示着公路运输在发展之路上迈出了拥抱互联网的第一步，但从当前现状来看，这一步走得显然有点乱象丛生。

2. 货运 APP 的主要类型

　　目前国内各类货运 APP 除了界面不同外，功能几乎没有太大差别。货运 APP 的构建主体，从互联网跨界者，到物流园区经营者，再到快递物流运输人、车企，不同构建主体推出的货运 APP 运营侧重点亦有所不同。有的以车联网综合服务为重点，也有的偏向于车货匹配，还有的提出多维度货运匹配服务，体现出各自企业独特的管理运营思路。

　　第一类是物流园区方推出的车货匹配软件。这类 APP 主要依托园区资源优势将线下信息优化转移到网络上，典型代表为传化的"易配货"、林安的"我要物流"、天地汇整合物流园区推出的"i 配货"等。传化公路港的易配货平台已在上文阐述，此处不再赘述。

　　第二类是由网络科技公司推出的货运 APP。比如，货车帮、运满满、罗计物流、好多车、物流小秘等，它们所采用的都是平台策略，解决的也都是车货匹配的问题，即将社会闲散的货运运力跟货主未能满足的运货需求结合起来。

　　罗计物流智慧平台的 APP 由最初的骡迹物流衍生而来，是典型的由网络科技公司运营的货运 APP，罗计物流在货物与车主之间属于多维度匹配，除了基于地理位置的距离匹配，还有路线、时间、载重等多维度匹配。

　　第三类是由车企依托运输车辆推出的货运 APP。例如，陕汽的车轮滚滚、东风汽车推出的快召货车是较为典型的案例。

　　第四类是由快递物流公司打通线上线下推出的货运 APP。比如汇通天下发布的 G7 货运人等。G7 货运人是以车库和人脉为核心的在线运力采购平台，帮助用户把线下外协运力、合作伙伴搬到线上。

由于物流行业范畴广，市场格局分散程度非常高，再加上整个流程比较长，流程的规范化程度不够，且传统的物流企业信息化程度非常低，因此，在货运 APP 领域，一家独大基本上不大可能，未来市场或许会趋于细分化。

请扫描右侧二维码，学习拓展阅读——货运 APP 推广面临的问题。

货运APP推广面临的问题

任务实施

步骤一　众包物流

引导问题 1：请总结众包物流发展面临的难点？

步骤二　货运 APP

引导问题 2：请总结货运 APP 的主要类型？

请扫描右侧二维码，查看任务实施参考答案。

任务实施参考答案

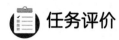 **任务评价**

班级			姓名			小组		
任务名称		"互联网＋物流"模式						
考核内容		评价标准	参考分值（100）	学生自评	小组互评	教师评价	考核得分	
职业素养情况	1	具有良好的沟通能力	5					
	2	具有信息收集能力	5					
	3	在任务实施过程中具有较强的总结能力	10					
知识掌握情况	4	了解众包物流的基本含义	5					
	5	了解众包物流的兴起	5					
	6	了解货运 APP 产生的背景	10					
	7	了解货运 APP 面临的问题	10					
能力提升情况	8	能总结众包物流发展面临的难点	15					
	9	能总结货运 APP 主要的类型	15					
参与活动情况	10	积极参与任务实施	5					
	11	积极参与小组讨论	5					
	12	积极回答老师的提问	10					
小计								
合计＝自评×20%＋互评×20%＋教师评×60%								

参考文献

［1］季永青. 物流运输管理：理论、实务、案例、实训［M］. 2 版. 大连：东北财经大学出版社，2015.

［2］付丽茹，解进强. 运输管理实务［M］. 北京：清华大学出版社，2016.

［3］高福军. 公路运输计划与调度实训教程［M］. 北京：北京大学出版社，2014.

［4］张旭凤. 物流运输管理［M］. 北京：北京大学出版社，2010.

［5］邓瑜. 物流运输与配送管理［M］. 2 版. 北京：电子工业出版社，2011.

［6］朱新民. 物流运输管理［M］. 大连：东北财经大学出版社，2014.

［7］关善勇. 特种货物运输管理［M］. 北京：人民交通出版社，2008.

［8］白世贞. 冷链物流［M］. 北京：中国财富出版社，2012.

敏、马曙静任副主编，齐涵、徐曼玲、吴红玲、谷龙参与了本书的编写。

在本书的编写过程中，我们得到了北京络捷斯特科技发展股份有限公司李国栋、张群艳等的大力支持，并参考了大量的文献资料及网络资源，引用了一些专家学者的研究成果和一些公司的案例资料，在此对这些文献的作者和相关公司表示崇高的敬意和诚挚的谢意。

由于本书涉及的内容较为广泛，编写时间仓促且编者水平有限，书中难免有不妥及错误之处，敬请读者批评、指正。

编　者

2022 年 3 月